AF610050

# AUTO-HYPNOSE

## Découvrez le pouvoir qui est en VOUS

Frédéric Langourieux

ISBN 978-0-244-61661-8

Je tiens à remercier toutes les personnes qui ont contribué d'une manière ou d'une autre à l'écriture de ce livre, par leurs conseils, par sa lecture ou sa relecture.

Je remercie aussi toutes les personnes qui sont venues participer aux week-ends autohypnose que je propose, de leur enthousiasme et de leurs retours positifs qui m'ont encouragé à continuer ce chemin.

# PREAMBULE

J'ai toujours cherché à expérimenter chaque technique que j'ai appris sur moi même.
En ce qui concerne l'autohypnose, c'est le cas aussi. J'ai commencé à apprendre l'autohypnose en 1989. Cela fait donc déjà longtemps, bien avant d'apprendre à faire de l'hypnose pour accompagner les autres.
À cette époque-là, j'utilisais même des séances enregistrées sur cassette (eh oui, une autre époque...).

Aujourd'hui encore, je pratique tous les jours ou presque l'autohypnose. Pour moi, ce n'est pas seulement une technique pour mieux vivre, c'est tout un savoir-vivre à part entière.

Cela fait vingt-cinq ans que je pratique l'autohypnose. Dix ans que je l'enseigne. Et maintenant plus de dix ans que je suis hypnothérapeute et coach. J'ai accompagné des milliers de personnes pendant cette période.

Et cette riche expérience, j'ai décidé de vous en faire profiter à travers ce livre, car d'une part, beaucoup de mes étudiants en autohypnose me le réclamaient depuis déjà plusieurs années, en se plaignant que les livres qu'ils avaient trouvés en autohypnose n'étaient soit pas assez clairs et pratiques pour des débutants, soit pas assez complets pour les plus expérimentés.

Dans ce livre, vous allez trouver toutes les bases nécessaires pour arriver à pratiquer l'autohypnose, même si vous partez de zéro. D'autre part, vous aurez également des techniques de pointe pour remplir les différents objectifs que vous pouvez avoir dans votre vie.
Ce livre se veut à la fois complet, pratique et simple pour vous permettre, en partant de zéro, d'arriver à un niveau

d'autonomie en autohypnose pour dépasser vos obstacles dans la vie et pour réaliser votre vie de rêve.

Pour que ce livre continue de vous accompagner et pour ne rien perdre de vos réflexions, au fur et à mesure de sa lecture, vous constaterez, après chaque chapitre et pour chaque technique, des zones pour que vous preniez des notes directement sur le livre, et ainsi en faire un vrai manuel pratique, complet et personnalisé.

Maintenant, si vous êtes prêt pour ce voyage, allons-y. Je vous accompagne pas à pas...

# INTRODUCTION

Le mot « hypnose » est toujours chargé de quelque chose de mystérieux et d'intrigant.

A fortiori le mot auto-hypnose ou autohypnose qu'on peut écrire de ces deux manières.

D'ailleurs, au premier abord, beaucoup de personnes s'étonnent qu'on puisse s'auto-hypnotiser. Souvent, la première réaction est : « ah bon, on peut s'auto-hypnotiser ? ».

Cette interrogation révèle immédiatement la méconnaissance de l'hypnose. Car comme Dave Elman, hypnotiseur de début du siècle dernier, en avait déjà fait le postulat : « Toute hypnose est avant tout de l'autohypnose ».

Bien sûr, nous allons voir ensemble pourquoi dans ce livre, pour que vous compreniez, avant même de la pratiquer, ce qu'est exactement l'hypnose et comment vous allez pouvoir l'utiliser pour vous.

Et avant même de voir les techniques en détail de l'autohypnose, nous allons dans une première partie de ce livre redéfinir ce qu'est l'hypnose, l'autohypnose, le conscient, l'inconscient, toutes ces notions utiles pour bien comprendre de quoi nous parlons ici.

Ensuite, vous pourrez concrètement découvrir comment on se met dans cet état d'hypnose soi-même.

Puis, nous verrons ensemble différentes techniques pour réaliser les changements que vous souhaitez dans votre vie.

Bien sûr, il ne suffira pas de lire ce livre pour avoir des résultats. Il faudra aussi faire les exercices et mettre en pratique. C'est surtout la pratique, répétée jour après jour, qui fera concrètement que votre vie évolue comme vous le souhaitez. C'est pourquoi j'ai inclus dans ce livre des zones pour que vous puissiez aussi prendre des notes personnelles.

Allez, on commence ?

Alors, tournez la page pour tout d'abord mieux comprendre ce qu'est l'hypnose, l'autohypnose, l'inconscient et ce qu'est une séance d'autohypnose.

Si jamais vous avez déjà entendu parler de ces notions, et même si vous les connaissez déjà, je vous encourage quand même à regarder les pages suivantes pour nous mettre d'accord sur les définitions de ces différents termes.

Rassurez-vous, les définitions vont aller à l'essentiel. Pas de grandes théories ici, mais du concret avant tout.

# I. LES BASES

## 1) Le cadre

Dans cette première partie, nous allons d'abord poser le cadre de ce que sont l'hypnose, l'autohypnose, l'inconscient et tout ce qu'il est important de connaître avant de plonger au cœur de la technique.

### A) L'hypnose

Tout d'abord, avant même de parler d'autohypnose, il me semble indispensable de se mettre d'accord sur ce qu'est l'hypnose.

Le mot « hypnose » peut définir deux choses : lorsqu'on parle d'hypnose, nous pouvons parler de l'état dans lequel nous sommes. Nous sommes en état d'hypnose. Mais nous pouvons aussi parler d'hypnose pour parler de la technique qui nous permet de nous mettre dans cet état sur commande. Nous pratiquons l'hypnose.

Donc le mot hypnose, c'est à la fois l'état et la technique. Je pense qu'il est important de préciser ce fait pour comprendre que lorsqu'on parle d'hypnose, nous pouvons parler de la technique ou de l'état.

Maintenant, c'est quoi cet état d' « hypnose » ?

Le mot « hypnose » remonte au 19e siècle avec Etienne Félix d'Henin de Cuviliers qui l'a utilisé pour la première fois en 1819. Ensuite, ce terme est repris par James Braid, un chirurgien écossais, qui le popularise. Seulement, à cette époque-là, même si cet état était reconnu et que nous savions déjà utiliser l'hypnose pour pratiquer des anesthésies, sa définition était très floue, ne comprenant pas vraiment ce phénomène scientifiquement.

C'est pourquoi, il a fallu attendre 1999 et les expériences avec les I.R.M. (Imagerie par Résonance Magnétique) pour que la science valide l'état d'hypnose comme un état de conscience particulier, à la fois différent du sommeil et différent de l'état de veille habituel. En effet, sous I.R.M. on peut constater que certaines zones du cerveau normalement liées au sommeil et d'autres à l'état de veille, sont actives en même temps.
Maintenant, tous ces états entre-deux que nous pouvons retrouver au niveau du cerveau, nous appelons cela : Etats Modifiés de Conscience. J'utiliserai notamment ici le terme E.M.C. pour définir ces états.

Il n'y a d'ailleurs pas que l'hypnose qui nous permet de nous mettre en E.M.C. D'autres techniques comme la méditation, la sophrologie, le yoga, etc. nous amènent aussi en E.M.C.
Mais cet E.M.C. peut être différent en fonction des techniques. La particularité de l'hypnose est la dissociation. Cette capacité de vivre dans son cerveau une histoire déconnectée de l'environnement autour de soi.

Bien sûr, cette capacité nous l'avons tous et l'utilisons couramment tous les jours. C'est ce qui nous permet d'imaginer l'avenir, comme de nous rappeler le passé.

Alors, pourrez-vous me dire, est-ce que nous sommes en hypnose chaque fois que nous sommes dans notre

tête à imaginer le passé ou le futur ?
Oui, un peu au moins.

Et plus vous serez déconnecté et parti loin dans votre tête, plus vous serez dans cet E.M.C. (Etat Modifié de Conscience) dont nous parlions juste avant.
Nous l'appelons aussi parfois état de « transe ». Un état de transe c'est tout simplement un état second.
Ne dit-on pas d'ailleurs souvent de quelqu'un qui part spontanément dans cet état qu'il est dans la lune ou dans un état second ?
C'est un peu comme un dédoublement. À la fois nous vivons là, et en même temps, ailleurs.

Nous avons beaucoup d'expériences de la vie comme cela tous les jours. Vous savez par exemple lorsque nous conduisons et que tout à coup, nous partons tellement ailleurs que lorsque nous revenons, nous nous rendons compte que nous n'avons pas vraiment vu le chemin parcouru. Nous ne nous sommes pas vraiment rendu compte du temps passé. Pourtant c'était bien nous qui conduisions. Bien sûr, cela se passe aussi pour le passager (pas de jaloux !).

D'autre part, ceci peut aussi se produire lorsque nous faisons notre toilette le matin, lorsque nous mangeons, lorsque nous sommes au travail, lorsque nous marchons, etc. Toutes les activités quotidiennes et routinières peuvent nous permettre de nous évader comme cela, en esprit.

Mais ce phénomène se produit aussi lorsque nous sommes pleinement absorbés par une activité jusqu'à en oublier le reste, ou dans une activité qui nous fait volontairement voyager, comme le cinéma, devant la télévision ou absorbés dans un bon livre !

Eh oui, en fait, l'hypnose a déjà commencé. Vous en étiez-vous rendu compte ? ;)

En fait, nous vivons tous les jours ces états modifiés de conscience dans la journée.

Donc l'hypnose, contrairement à ce que beaucoup de personnes imaginent, n'est pas si bizarre que cela. C'est juste la capacité à utiliser volontairement ces états modifiés de conscience pour aller faire évoluer certaines représentations internes que nous avons. Et c'est notamment très intéressant lorsque certaines représentations internes de notre environnement nous limitent ou nous posent problème.
C'est le cas par exemple lorsque vous avez une phobie. Si vous avez une phobie des araignées par exemple, le problème ne vient pas des araignées et ne pourra pas se régler à l'extérieur de vous. C'est bien vos représentations internes qu'il faut faire évoluer. C'est ce que permet l'hypnose, ou l'autohypnose.

Finalement, pendant une séance de cinéma, il se passe un peu la même chose. La seule différence c'est que vous ne savez pas ce que cette séance va changer dans vos représentations internes. Vous allez en ressortir peut-être avec des idées neuves ou différentes.

Et tous les jours, sans même vous en rendre compte, différentes informations viennent à vous et vous influencent, notamment à travers le journal télévisé, la publicité, ce qu'on vous dit (parents, famille, amis, collègues...). Plus vous prenez conscience du fonctionnement de votre cerveau et plus vous comprenez l'influence que l'environnement peut avoir sur vous. Et souvent, hélas, pas qu'une bonne influence.

Heureusement, avec ce livre et la connaissance de l'autohypnose vous verrez aussi comment reprendre le pouvoir sur votre esprit et faire de votre vie ce que vous souhaitez.

Donc, pour battre en brèche toutes les idées reçues sur l'hypnose :

- NON, vous ne dormez pas en hypnose, vous êtes seulement en E.M.C. et vous continuez à entendre ce qui se passe à l'extérieur de vous.
- NON, vous ne risquez pas de ne pas vous réveiller puisque vous ne dormez pas.
- NON, vous ne pouvez pas rester bloqué dans cet état-là. La seule chose qui pourrait se passer en hypnose c'est de s'endormir. Alors vous reviendriez naturellement à votre état de conscience habituelle après ce bon repos.
- OUI, toutes les personnes rentrent tous les jours dans cet E.M.C. et peuvent apprendre à le faire sur commande et simplement, comme vous allez le voir.

## B) L'autohypnose

Maintenant que nous avons mieux défini ce qu'est l'hypnose, pour ce qui concerne l'autohypnose, cela va être beaucoup plus rapide.

En effet, l'autohypnose c'est tout simplement la technique et la pratique qui consiste à se mettre soi-même dans cet E.M.C. sur commande, et d'appliquer différentes techniques en vue d'atteindre un objectif.

La particularité est évidemment d'être à la fois « guide » et « guidé », contrairement à une séance d'hypnose où quelqu'un vous accompagne afin de vous mettre dans cet état.
Ici, c'est vous-même qui vous mettez dans cet état volontairement et qui pratiquez les techniques nécessaires pour réaliser votre objectif.

Le gros avantage c'est qu'une fois que vous savez faire cela, vous êtes autonome pour faire les changements que vous souhaitez dans votre vie, autant que vous voulez et toute votre vie.

Apprendre l'autohypnose vous donne un pouvoir énorme sur la maîtrise de votre vie, bien plus que la possibilité de vous faire accompagner.

Il n'y a qu'un inconvénient possible à cela : comme vous êtes guide et guidé, les limites du guide c'est vous. Et vous pourriez me dire : « mais moi, je ne peux pas être aussi compétent en aussi peu de temps et connaître aussi bien l'hypnose qu'un hypnothérapeute ! »

C'est vrai mais nous allons voir qu'il y a des techniques pour contourner ces limites. Et qu'en autohypnose, avec la pratique, vous serez tout à fait à même de régler tous les problèmes qui se dressent sur votre route et de réaliser vos objectifs.

Notes personnelles :

## C) Conscient et Inconscient

Je vais vous parler dans ce livre beaucoup d'inconscient. Ce terme, qui vient de la psychologie, désigne cette part de vous que vous allez apprendre à reconnecter à travers l'autohypnose.

Mais en fait, c'est quoi l'inconscient ?

Pour définir l'inconscient, on va faire simple. Moi j'aime bien la définition de Milton Erickson, un des pères fondateurs de l'hypnose telle que nous la connaissons aujourd'hui, qui dit tout simplement :
L'inconscient ? C'est tout ce qui n'est pas conscient.

C'est-à-dire tous les phénomènes qui sont en dehors du champ du conscient.

Alors peut être pensez-vous, comme nous l'avons longtemps pensé, que les phénomènes inconscients représentent qu'une petite partie de ce qui se passe en nous.

En fait, plus la science avance dans ce domaine, notamment aujourd'hui avec ce qu'on appelle les neurosciences, plus nous commençons à comprendre que ce qui se passe au niveau conscient de notre esprit est bien inférieur à ce qui se passe au niveau inconscient.

Lorsque nous avons commencé à comprendre que finalement, dans notre esprit, il y avait plus de phénomènes inconscients que conscients, on a représenté cet état de fait à travers l'image d'un iceberg.

Parce que pour un iceberg, c'est la même chose que pour l'esprit : nous ne voyons qu'une petite partie et la plus importante est invisible.

Nous ne comprenions pas encore à ce moment-là que cette illustration est en fait bien loin de la vérité. Dans le cas de l'iceberg, il y a peut-être 10 % au-dessus de la surface et 90 % en dessous. Dans le cadre de notre psychisme, la différence est bien plus importante.

Certains scientifiques ont estimé que dans notre esprit conscient, nous traitons environ sept informations conscientes à la seconde, et au niveau inconscient, c'est plutôt de l'ordre de plusieurs millions, voire de milliards.

Comme vous pouvez le constater, c'est alors une différence bien plus importante.

C'est ce qui amène de plus en plus la science à dire aujourd'hui que 95 % au moins de ce qui se passe dans notre esprit est à un niveau inconscient et non conscient.

Oui je sais, cela fait un peu peur au départ de se rendre compte que notre conscient a assez peu de poids au quotidien dans notre fonctionnement. En même temps, cela ne veut pas dire que notre conscient n'est pas important.

D'autre part, on peut se rendre compte assez facilement que chaque jour, nous faisons beaucoup d'activités de manière habituelle et routinière : se lever, faire sa toilette le matin, faire le trajet pour aller au travail. Et lorsque nous arrivons au bureau, regarder ses mails, dire bonjour à chaque personne que nous croisons, etc.
Et c'est comme cela, plus ou moins toute la journée.

À quel moment avons-nous vraiment besoin d'être conscients pour faire ce que nous faisons habituellement dans notre journée ?
Il n'y a que lorsqu'il y a quelque chose de nouveau et d'inattendu que le conscient est vraiment utile. C'est ce que les scientifiques ont pu valider.

Et d'ailleurs, même certains actes que nous pensons conscients se génèrent d'abord dans des zones inconscientes de notre cerveau, avant que nous n'en prenions conscience.

Par exemple ?

Je sais que ceci va vous surprendre, mais la plupart des

choix que nous faisons, pour ne pas dire tous (mais je ne veux pas vous brusquer) ;) se font à un niveau inconscient et, c'est seulement lorsque le choix est fait à ce niveau-là, que nous en prenons conscience.

Et ceci a été vérifié scientifiquement par une expérience intéressante :

On demande à une personne de choisir entre un crayon rouge ou vert à plusieurs reprises. La personne est sous I.R.M. (Imagerie par Résonance Magnétique) pour voir quelles zones du cerveau s'activent.
La personne donne ses réponses au scientifique qui lui fait faire le test, et ce dernier regarde ce qu'indique l'I.R.M.
Lorsqu'elle choisit le crayon vert, dans l'I.R.M. son cerveau s'anime d'une certaine façon, et lorsque c'est le crayon rouge, son cerveau s'anime d'une autre.
Ensuite, on demande sur une série de choix à la personne de noter successivement ces choix sur une feuille, sans les dire au scientifique. Ce dernier regarde juste dans l'I.R.M. ce qu'il peut constater et note de son côté les choix qu'il pense être ceux de la personne, en fonction de ce qu'il voit dans l'I.R.M.
Après plusieurs tests, nous sommes obligés de constater qu'il y a 100 % de bonnes réponses de la part du scientifique.

Cela veut dire que nous pouvons, à coup sûr, en fonction de ce qui s'active dans le cerveau, déterminer le choix de la personne, et que ceci est totalement reproductible et juste à chaque fois.
Ce qui est encore plus fort, c'est qu'ils ont découvert que le scientifique répondait souvent avant la personne qui

faisait le choix. C'est comme cela qu'ils ont compris qu'en fait le choix se faisait dans la tête de la personne d'abord à un niveau inconscient, et ensuite, la personne en prenait conscience jusqu'à une à trois secondes après le scientifique.

Je sais, cette expérience est assez perturbante pour notre conception du libre arbitre. Mais ceci veut tout simplement dire que nos choix se font d'abord à un niveau inconscient. Ensuite seulement, lorsque nous en prenons conscience, nous pouvons alors exercer notre libre arbitre et choisir de suivre ce qui s'est décidé en nous, ou de suivre une autre voie.

Cela veut dire aussi que le premier choix qui nous vient se fait par l'arbitrage de la somme des connaissances et apprentissages que nous avons en nous à un niveau inconscient. D'où l'influence dans nos choix de notre culture, notre éducation, nos amis, nos collègues.... mais aussi de la publicité.

Et oui, désolé de vous le rappeler, les entreprises ne sont pas des philanthropes. Elles ne font pas des publicités à la télévision pour nous amuser mais pour vendre. Et si elles dépensent des milliards en publicité, c'est uniquement parce que cela a une influence sur nos choix. C'est aussi pourquoi elles payent très cher des stars qui ont une image très positive qu'elles associent à leurs marques et produits.

Par exemple Georges Clooney a aidé Nespresso à augmenter les ventes de 30 %. Et la réplique « What else ? » est maintenant connue de tout le monde.

Tout cela à l'insu de nous-mêmes ;)

Ce qui va être intéressant pour vous maintenant en apprenant l'autohypnose, c'est que justement vous allez pouvoir choisir cette influence dans vos choix, avec ce qui vous semble juste pour vous.
C'est pourquoi je dis qu'apprendre l'autohypnose est une vraie reprise de pouvoir sur votre vie !

Vous savez, si j'ai appelé mon cabinet d'accompagnement en thérapie et coaching : « Hypnolibération », ce n'est pas par hasard.

Pour moi, c'est vraiment cela que l'hypnose apporte : LA LIBERTÉ !

C'est ce qu'elle m'a apporté, comme à beaucoup d'autres, comme elle peut vous apporter également à partir d'aujourd'hui.

En fait nos blocages, comme nos limites, sont avant tout en nous. Vous allez pouvoir vous libérer de tout cela avec l'autohypnose.

Alors, prêt à découvrir comment vous allez faire cela ?

Prenez vos notes et tournez la page. Je vous attends déjà de l'autre côté moi :)

Notes personnelles :

## 2) Séance d'autohypnose

Lorsque vous serez complètement autonome, vous pourrez faire des séances d'autohypnose tous les jours, voire même plusieurs fois par jour. En fait, autant que vous voulez bien sûr. Il n'y a pas de limite. Et puis, il y a tellement de choses à faire au départ.

Comme vous le verrez, toutes les techniques que nous verrons ensemble n'ont toutes qu'un seul but : vous permettre d'améliorer votre vie.
Mais avant de voir ces différentes techniques, je vais d'abord vous expliquer ce que nous appelons une séance d'autohypnose et ce que nous y retrouvons exactement.

Tout d'abord, comme une séance d'hypnose, il va y avoir systématiquement un objectif à chaque séance. Même lorsque cet objectif n'est que de récupérer et se ressourcer, c'est un objectif à part entière.

Donc, avant chaque séance, vous vous fixerez un objectif et nous verrons ensemble comment bien le fixer pour pouvoir l'atteindre afin qu'il vous aide à avancer dans votre vie.

D'autre part, nous allons voir qu'il y a une structure à suivre dans chaque séance. Nous allons détailler ensemble la liste de ces étapes ensemble pour que vous sachiez exactement quoi faire et dans quel ordre. Petit à petit, vous ferez cet enchaînement d'étapes de plus en plus facilement et automatiquement.

Vous savez, un peu comme lorsque nous apprenons à

conduire (pour tous ceux qui ont leur permis de conduire bien sûr). Au départ on fait une étape, puis une autre et enfin seulement l'ensemble des étapes en même temps.

Ceci vous permet ainsi de pouvoir intégrer progressivement l'ensemble des savoir-faire et de les assembler dans une procédure qui devient habituelle, comme pour la conduite.

Peut-être, avez-vous oublié à quel point c'est dur au départ de conduire. Surtout si cela fait très longtemps que vous conduisez. Mais en fait, c'est une des choses les plus difficiles à apprendre tellement cela nécessite de faire plusieurs choses ensemble, de manière à la fois coordonnée, rapide et efficace.

Je prends souvent cette comparaison entre le permis de conduire et la pratique de l'autohypnose. C'est ce que je dis aux personnes qui viennent apprendre l'autohypnose en formation sur un weekend. Le but, c'est qu'elles repartent avec l'autonomie pour conduire leur esprit.

Avec ce livre, c'est la même chose, au rythme qui vous convient.
Bien sûr, en weekend autohypnose, vous avez la chance d'avoir un retour direct de votre instructeur ici présent.

Mais ici, de la même façon qu'en weekend, vous allez avoir tous les éléments nécessaires pour votre autonomie.

## Structure d'une séance

Chaque séance d'hypnose, comme d'autohypnose, va avoir une structure, c'est-à-dire un ensemble d'étapes que nous allons suivre.

Voici ces étapes en autohypnose :

1) Les fusibles
2) L'induction
3) L'approfondissement
4) Le travail
5) Le retour

Nous allons maintenant détailler dans la partie 2 chaque étape pour bien comprendre leur importance et surtout pour savoir les faire.

Notes personnelles :

# II. ENTRONS DANS LE MONDE DE L'HYPNOSE

## 1) Les fusibles

Cette fois, nous allons entrer au cœur de la technique.

Peut-être vous vous dites : qu'est-ce que viennent faire des fusibles dans l'hypnose ?

Je ne sais pas si vous vous y connaissez un peu en électricité. Rassurez-vous, moi non plus ! :)

En fait, les fusibles dans un circuit électrique servent à éviter que le système soit détérioré s'il y a une surchauffe.

Évidemment, votre système à vous ne risque pas la surchauffe. Mais nous allons appeler fusible tout ce qui permet de vivre une séance dans un sentiment de sécurité et de paix.

En effet, lorsque vous faites une séance, il peut y avoir plusieurs situations gênantes, comme :

- Un dérangement comme un bruit important, un animal de compagnie qui vient vous sauter dessus, une personne qui vient vous poser une question, etc.
- Un danger. Par exemple, si vous sentez l'odeur de brûlé, il vaut mieux sortir de votre séance et réagir à ce qui se passe.
- Un retour inattendu sur un souvenir douloureux.
- S'endormir pendant la séance.
- Dépasser le temps que vous aviez programmé pour la séance.

Dans toutes ces situations-là, plus vous les aurez prévues avant, mieux elles seront gérées au niveau inconscient.

Les fusibles vont justement servir à indiquer à l'inconscient ce qui doit se passer dans tous ces cas de figure.

Comment allons-nous faire cela ?

Et bien le plus simplement possible. Nous allons envisager ce que votre inconscient doit faire lorsqu'un de ces cas de figure arrive.

Et nous allons le faire directement en lisant quelques phrases d'auto-conditionnement avant la séance.
Dans un premier temps, le temps de s'habituer, je vous demande de les lire systématiquement avant chaque séance.

Bien sûr, au bout de quelques semaines de pratique, vous les connaîtrez tellement par cœur, ces phrases, que vous n'aurez même plus besoin de les lire. Elles seront directement associées, au niveau inconscient, avec chaque séance d'autohypnose.

Ces fusibles sont tout simplement les instructions que nous donnons à cette partie de nous-même, que nous nommons l'inconscient, et qui est capable d'appliquer tous ces principes.

Nous nous adressons à l'inconscient de manière directe, comme si nous parlions à un ami de confiance.

Voici les six fusibles que je vous propose :
1) « Ramène-moi immédiatement à l'état de conscience ordinaire s'il y a un danger à rester là où je suis ».
2) « Si quelqu'un vient me déranger, je peux l'entendre et choisir de revenir ou pas à mon état de conscience ordinaire ».
3) « Ramène-moi uniquement sur des souvenirs agréables ou neutres et des choses que je sais gérer ».
4) « Lorsque le temps prévu pour la séance est terminé, tu peux me le rappeler et me permettre de revenir ici sereinement ».
5) « S'il y a un bruit perturbant à un moment sans que cela représente un danger, je peux alors le laisser passer et l'oublier rapidement ».
6) « Si jamais je m'endors pendant la séance, tu peux me faire revenir sereinement à mon état de conscience ordinaire dans le temps précisé ».

Une fois que vous aurez lu ces phrases, votre inconscient va garder cela en mémoire et appliquera ces différentes instructions.
Peut-être, qu'au début, cela vous paraîtra bizarre de parler à votre inconscient.
Mais en fait, quand nous y réfléchissons bien, cela n'arrive-t-il pas souvent à la plupart des personnes de se parler ?
Est-ce plus curieux ? ;)

D'autre part, il faut savoir que même sans se parler, lorsque les instructions sont à la fois évidentes et importantes, votre inconscient s'adapte automatiquement à la situation.

Prenons un exemple. Lorsqu'une nouvelle maman rentre à la maison avec son jeune enfant, il est tellement évident pour elle d'être à l'écoute de son enfant, même la nuit, que lorsque ce dernier bouge ou pleure, la maman se réveille aussitôt.
À côté de cela, il pourrait y avoir un orage que la jeune maman n'entendrait même pas. Mais son enfant elle l'entend très bien !

C'est dire à quel point notre inconscient fait bien les choses et trie les informations qui nous viennent la nuit pour y réagir en conséquence.

Lorsque vous lisez ces fusibles, ceci provoque le même conditionnement pour votre inconscient et ce dernier pourra tout à fait appliquer tous ces principes.
Bien sûr, plus ces fusibles seront intégrés et évidents à force de les lire avant chaque séance, plus ils seront efficaces.

C'est pourquoi prenez l'habitude de les lire systématiquement avant chaque séance.

Pour vous simplifier la vie, si vous le souhaitez, vous pouvez télécharger le document pdf regroupant l'ensemble de ces fusibles ici :
http://www.hypnoliberation.com/page-demande-fusibles/

Une fois les fusibles en place, nous allons voir dans le chapitre suivant comment nous nous mettons dans un E.M.C. (Etat Modifié de Conscience) sur commande.

Mais avant de voir cela, je vous encourage, si vous n'avez jamais connu de séance d'hypnose, d'expérimenter cela avant. Ce sera plus facile pour la suite de l'apprentissage d'avoir déjà connu cet accompagnement.

Bien sûr, vous n'êtes pas obligé de venir me voir pour cela, ni d'aller voir un hypnothérapeute.

Je vous propose tout simplement d'expérimenter une séance d'hypnose à partir d'un enregistrement d'une séance que je donne à toutes les personnes qui viennent me consulter.

Vous pouvez récupérer l'enregistrement de cette séance à l'adresse suivante :
http://www.hypnoliberation.com/page-demande-audio-hypnose/

Vous pouvez ensuite le transférer sur un lecteur MP3 ou votre smartphone.
Ensuite, installez-vous dans un endroit où vous serez tranquille pendant les 25 minutes de l'audio, puis laissez-vous aller à cet enregistrement.

Lorsque vous écoutez une séance, le but n'est pas de se concentrer, ni de tout chercher à comprendre, mais plutôt de se laisser porter par la musique et par la voix.

Il se peut à un moment même que vous décrochiez. Aucune importance, votre inconscient lui capte tout pour vous. Alors, laissez faire.
Une fois que vous avez passé un bon moment avec cette séance, passez à la suite.

Notes personnelles :

## 2) L'induction

Ce chapitre est peut-être celui que vous attendiez le plus car il concerne le moment où vous allez apprendre comment vous allez passer d'un état habituel de conscience (E.H.C.) à un état modifié de conscience (E.M.C.)

Nous allons voir ici différentes techniques qui permettent ce passage en douceur.

Mais tout d'abord, avant de voir et tester ensemble ces différentes techniques, sachez, comme je l'ai déjà évoqué précédemment, que même sans vous en rendre compte, vous rentrez déjà régulièrement en E.M.C. dans la journée.
Ce n'est donc pas un état surnaturel, la transe, mais un état que vous connaissez déjà sans l'avoir jusqu'à présent identifié comme tel.

Et cette capacité que nous avons tous de rentrer régulièrement dans cet état, nous allons pouvoir l'utiliser pour encore mieux rentrer en E.M.C. pour une séance d'autohypnose.

Ces états de transe quotidiens sont liés à nos rythmes biologiques.
Des variations périodiques gouvernent les fonctions de tous les êtres vivants. Toutes nos activités métaboliques, physiologiques et psychologiques ont des cycles que nous appelons circadiens.
Ces variations passent, chaque vingt-quatre heures, par un sommet et un creux. Ces pics ne surviennent pas au hasard et répondent à une structure temporelle.

De la même façon, nous sommes soumis aussi à des cycles plus courts d'environ 90 minutes qui gèrent notre état de conscience ainsi que le niveau d'énergie de notre corps.

Ce qui fait que lorsque nous passons dans un creux, nous ressentons un passage un peu à vide. Parfois, nous bâillons, nous décrochons et avons besoin de faire une pause.

Vous connaissez peut-être déjà d'instinct, sans même y avoir été extrêmement attentif, vos creux habituels de la journée. Peut-être en fin ou milieu de matinée, en début d'après-midi, en début de soirée, etc.

Bien sûr, pour vous, cela ne coïncide peut-être pas vraiment avec ce que je viens de dire. Je vous encourage alors à être attentif à vos cycles à vous, même si vous avez l'impression qu'ils ne sont pas trop marqués.
Plus vous avez d'énergie et êtes en forme, moins vous les verrez. Plus vous vous sentez fatigué, plus vous les constaterez.

Lorsque vous connaîtrez bien vos cycles, si ce n'est pas encore le cas, vous pourrez les utiliser. En effet, nous allons partir bien plus facilement en transe pendant les moments de creux, et bien moins facilement dans les moments de haute énergie.

Je ne suis jamais partisan de me compliquer la tâche inutilement. Autant utiliser les moments de creux pour faire les séances d'autohypnose. Qu'en pensez-vous ?

D'ailleurs, les exercices ici que vous allez pouvoir tester pour l'induction, vous pouvez aussi choisir de les tester dans un moment de creux et à un autre moment. Vous constaterez certainement une différence.

Bon, passons aux choses sérieuses et voyons la première technique qui va vous permettre de passer d'un E.H.C (Etat Habituel de Conscience) à un E.M.C.

## A) Fixation du regard

Peut-être avez-vous remarqué que dans « l'hypnose de spectacle », celle qu'on appelle classique, on utilise beaucoup la fixation du regard, que ce soit dans les yeux de l'hypnotiseur ou pour regarder un objet. Pourquoi ?

En fait, lorsque quelqu'un rentre naturellement dans un état de transe (ou dans la lune, pour les poètes), le regard de la personne se fige.
Lorsque nous entrons en transe, nous nous coupons du monde extérieur pour vivre quelque chose de plus intérieur, dans notre imaginaire. Ce qui fait que même les yeux ouverts, nous nous coupons de ce que nous voyons à l'extérieur, en figeant le regard instantanément.

Ce qui est intéressant, c'est qu'en reproduisant la fixation du regard nous commençons à reproduire l'état de transe, comme si les deux allaient ensemble. Les hypnotiseurs ont compris instinctivement cela depuis longtemps et l'utilisent souvent.

Ceci va donc représenter la première technique que

vous allez pouvoir utiliser pour entrer dans cet E.M.C.

Procédure de la technique :

1. Vous allez tout simplement prendre un point fixe à regarder.
2. Vous allez le fixer, sans décrocher le regard, jusqu'à ce que vous sentiez que les yeux se fatiguent et que les paupières commencent à cligner d'une manière spéciale. Prenez votre temps. Ceci peut durer de quelques secondes à quelques minutes pour certains.
3. Vous continuez jusqu'à ce que vous sentiez que les paupières commencent à devenir plus lourdes et qu'elles aient tendance à se fermer de plus en plus.
4. Lorsque cela devient difficile de ne pas fermer les yeux, alors fermez-les ou laissez-les se fermer et concentrez-vous sur la sensation des paupières et des muscles des yeux qui se relâchent complètement ensuite.
5. Restez une minute ou un peu plus comme cela, puis prenez une grande respiration et revenez à la conscience des choses du dehors.

Vous pouvez pratiquer cette technique à plusieurs reprises à la suite, pour bien ressentir les sensations de relâchement au niveau des yeux et des paupières.

Pour l'instant, nous n'allons pas aller plus loin dans la transe. Nous verrons plus tard comment l'approfondir pour une séance complète.

C'est une technique parmi d'autres. Je vais vous en proposer plusieurs à tester. Vous verrez que, parmi toutes celles que je vais vous proposer, certaines vous conviendront bien et fonctionneront bien pour vous, et d'autres moins bien, voire pas du tout.

C'est normal, nous n'avons pas tous la même sensibilité et ne vivons donc pas toutes les techniques de la même manière. C'est bien pour cela que je vous en donne plusieurs pour que vous puissiez découvrir celles qui vous conviennent le mieux, et ensuite, choisir d'utiliser celles que vous préférez.

Si cette première technique ne vous convient pas trop. Pas de problème, rassurez-vous. Il y en a d'autres qui vous conviendront mieux. Alors prêt pour une autre expérience ?

Notes personnelles :

### B) Fermeture et ouverture des yeux

Cette technique est un petit peu différente. Elle va jouer sur la synchronisation de la respiration et de la fermeture des yeux.

Procédure de la technique :

1. Vous allez tout simplement inspirer en même temps que vous allez fermer les yeux.
2. Puis vous allez souffler en même temps que vous ouvrez les yeux.
3. Et vous allez continuer comme cela en alternant inspiration et expiration.
4. À un moment ou un autre, vous allez commencez à vous tromper sur la synchronisation entre le souffle et les yeux. Ce n'est pas grave, continuez.
5. Au bout d'un moment, peut-être que vous vous rendrez compte que les yeux sont de plus en plus souvent fermés.
6. Puis, peut-être que les yeux restent fermés et que, en gardant les yeux fermés, vous constatez que c'est plus agréable.
7. Restez une ou deux minutes comme cela, puis prenez une grande respiration et revenez à la conscience des choses du dehors.

Vous pouvez également recommencer cette technique à plusieurs reprises pour bien la ressentir. Peut-être que vous vous rendrez compte que plus vous la pratiquez à la suite, plus vous partez facilement. Ce sera pareil pour les autres techniques.

Il y a deux phénomènes qui expliquent cela :

- Vous vous habituez à la technique et vous commencez déjà à prendre des automatismes.
- Plus vous partez en transe plusieurs fois de suite, plus vous partez profondément et facilement.

Notes personnelles :

### C) Technique kinesthésique

Cette technique va porter l'accent sur votre corps.

Procédure de la technique :

1. Installez-vous confortablement.
2. Prenez une grande respiration et lorsque vous soufflez, fermez les yeux.
3. Portez votre attention maintenant sur les paupières.
4. Vous pouvez sentir la sensation des paupières au contact des yeux, le poids des paupières, le relâchement des paupières et des muscles autour.
5. Prenez le temps d'être très attentif à toutes les sensations au niveau des yeux.
6. Puis, lorsque vous ressentez bien ce relâchement au niveau des yeux, passez à une autre partie de votre corps de la même façon. Ce peut être vos mains ou vos pieds.
7. Puis, au bout de quelques minutes, prenez une grande respiration et revenez à ce qui se passe à l'extérieur.

Cette technique est idéale pour faire décrocher l'esprit et amener du relâchement dans tout le corps.

Vous pouvez bien sûr tester les différentes techniques que je vous propose à la suite ou en faire une, et une autre à un moment différent. C'est comme vous le souhaitez.

Vous remarquerez que, lorsque vous enchainez, ceci a encore plus d'effet. Car à peine revenu complètement à l'instant d'ici, vous repartez en vous.

En fait, entre chaque technique, vous ne revenez pas complètement à votre état habituel et vous plongez donc ensuite un peu plus profondément.

Notes personnelles :

## D) Le point de couleur

Nous allons revenir un peu sur le regard, mais cette fois d'une autre manière. Car cette fois, cela va être le regard à l'intérieur...

Procédure de la technique :

1. Fermez les yeux et imaginez un point de couleur au niveau de votre front.
2. Puis imaginez que le point monte doucement sur le front, jusqu'en haut de la tête. Suivez-le des yeux à l'intérieur.
3. Vous pouvez même si vous le souhaitez redescendre derrière la tête.

Lorsque nous entrons en état d'hypnose, les yeux partent naturellement vers l'arrière.
Avec cette technique, nous ne faisons que reproduire le mouvement des yeux. Ce qui provoque assez naturellement l'état associé. Un petit peu de la même manière que la fixation des yeux amène la transe, le fait de mettre les yeux sur l'arrière, également.

Il y a aussi une autre variante de cette technique.

Procédure de la variante :

1. Fermez les yeux et mettez la pointe de l'index sur votre front.
2. Montez tout doucement votre index le long de votre front jusqu'en haut de la tête et suivez-le des yeux à l'intérieur.
3. Vous pouvez même si vous le souhaitez redescendre derrière la tête.

La différence principale entre les deux techniques fera que pour certains, ce sera plus facile avec la première, et pour d'autres, plus facile avec la deuxième.

Donc testez les deux, et voyez celle qui est la plus confortable et efficace pour vous. Il n'y en a pas une meilleure que l'autre. C'est juste une question de sensibilité personnelle.

Si je vous donne deux variantes, c'est justement pour que vous trouviez celle qui vous correspond le mieux. Alors, testez et expérimentez. Il n'y a que la pratique qui vous permettra de le savoir.

Notes personnelles :

Ces quatre techniques d'induction vous suffiront largement pour trouver celles qui vous conviennent le mieux. Bien sûr, il existe encore bien d'autres possibilités, mais ces quatre-là couvrent suffisamment de possibilités et de variantes pour en trouver une qui vous convient.
Nous verrons également que nous pouvons combiner ces différentes techniques lors de l'induction.

D'autre part, l'induction n'est que le début de la transe, comme vous allez le voir. Il y a ensuite des techniques d'approfondissement qui vont permettre d'entrer plus profondément en E.M.C.

Et bien justement, si vous êtes prêt, on arrive aux techniques d'approfondissement (quel enchaînement !).

## 3) L'Approfondissement

L'étape d'approfondissement dans votre séance d'autohypnose va vous servir, comme son nom l'indique, à approfondir votre état de transe.
Ceci sera plus particulièrement intéressant si vous sentez que vous n'êtes pas encore dans un état approprié pour le travail à faire, ou parce que la technique à faire demande plus particulièrement à entrer profondément en transe. Nous verrons un peu plus tard qu'en fonction des techniques que nous ferons, certaines demandent à aller plus en profondeur que d'autres au niveau de la transe.

Dans le doute au départ, vous pouvez systématiquement faire de l'approfondissement.
En même temps, vous ne saurez jamais exactement dans quel état de transe vous êtes pendant que vous faites votre séance. En effet, pour le savoir exactement, il faudrait un électroencéphalogramme sur la tête. Mais cela ne serait pas très pratique.

Et puis, vous poser la question pendant votre séance a tendance à vous ramener au conscient. C'est pourquoi je conseille toujours à mes étudiants en hypnose de ne jamais se poser cette question-là pendant la séance, mais seulement après. Si vous avez un doute pendant la séance, approfondissez votre transe et puis c'est tout. Vous vous poserez la question après la séance pour savoir dans quel état vous étiez exactement. Et vous en tiendrez compte pour la prochaine séance que vous ferez.

Rassurez-vous, l'état de transe dans lequel on fait la

séance n'est pas le plus important. Que nous soyons en état profond ou plus léger, dans les deux cas, le résultat de la séance peut être intéressant.

Et puis, vous verrez avec la pratique que souvent, ce n'est même pas vraiment vous qui gérez l'état de profondeur de la transe au bout d'un moment, mais cela se fait directement au niveau inconscient. L'état se régule tout seul, de lui-même, pendant la séance pour partir plus ou moins profondément, en fonction de ce que vous êtes en train de vivre intérieurement.

Alors quelles techniques d'approfondissement allez-vous pouvoir utiliser ?
Et bien là aussi, nous allons en voir plusieurs afin que vous puissiez choisir et utiliser ce qui vous convient.

Nous utilisons souvent des métaphores pour l'approfondissement. C'est le cas de la première technique. Nous allons utiliser la métaphore de l'escalier.

Lorsque nous descendons un escalier, nous percevons dans notre corps cette sensation de descente. Et ceci parle en général assez bien à la plupart des personnes pour entrer en transe plus profondément.

Chaque technique d'approfondissement viendra directement après la ou les techniques d'induction que vous avez utilisées.

Technique d'approfondissement de l'escalier :

1. Après votre technique d'induction, vous allez imaginer un escalier sur lequel vous vous situez tout en haut. Prenez un escalier que vous aimez ou avec lequel vous êtes à l'aise. Bien sûr, cela peut aussi être un escalier totalement imaginaire. Imaginez alors un escalier le plus sympa possible.
2. Vous allez descendre cet escalier. À chaque marche que vous descendez, vous allez vous focaliser sur cette sensation particulière de descente que vous ressentez dans votre corps.
3. Chaque marche que vous descendez, vous descendez deux fois plus en état d'hypnose.
4. Il peut y avoir dix marches ou plus, comme vous voulez. Mais vous pouvez, dès le départ, définir que lorsque vous arriverez en bas de l'escalier, vous serez dans un état très profond d'hypnose.

Cette métaphore fonctionne bien en général pour la plupart des personnes.
Vous pouvez également rajouter une porte en bas. C'est une bonne métaphore aussi qui permet que lorsque vous passez la porte, vous passez dans une autre « dimension ».

D'autre part, pour certains, c'est mieux de monter l'escalier. Pourquoi pas ? Tout est possible. Vous pouvez aussi tester cette variante avec l'escalier qui monte. Si cela vous semble mieux, prenez cette version.

Notes personnelles :

Pour les plus modernes, vous pouvez également utiliser une variante qui est l'ascenseur.

C'est presque la même chose, mais la sensation de descente dans un ascenseur est encore plus importante. Là aussi, elle conviendra mieux à certains, et pour d'autres, ce sera plutôt l'escalier. À vous de tester et de voir ce qui est le mieux pour vous.

Technique d'approfondissement de l'ascenseur :

1. Après votre technique d'induction, vous allez imaginer devant vous un ascenseur.
2. Les portes s'ouvrent et vous entrez dedans.
3. Puis, l'ascenseur se met à descendre les dix étages qui vous rapprochent d'un état d'hypnose profond.
4. Au fur et à mesure que vous voyez les étages défiler, -1, -2, -3, etc, vous rentrez de plus en plus en transe. Prenez le temps de faire cette descente, surtout les premières fois. Ce n'est pas une course.
5. Arrivé à -10, vous êtes dans un état de transe profond et les portes s'ouvrent pour commencer le travail à faire dans cette séance.

Notes personnelles :

L'ascenseur peut mieux fonctionner pour certains, surtout avec la porte qui représente un peu comme un sas pour passer sur autre chose.

Une autre technique que nous utilisons aussi beaucoup en hypnose est le comptage. Il peut se faire dans un sens ou dans l'autre. C'est à dire compter de 1 à 10 ou décompter de 10 à 1.
Bien sûr, on peut aussi prendre des chiffres bien plus grands, si on veut descendre plus profondément en transe. On peut aussi compter lentement pour faire durer cette phase.

Technique d'approfondissement avec le comptage:

1. Après votre technique d'induction, vous allez compter de 1 à 10, où 10 représente l'état d'hypnose profond.
2. À chaque chiffre que vous comptez, vous entrez de plus en plus profondément en état d'hypnose.
3. Au chiffre 10, vous serez dans un état d'hypnose profond.

Notes personnelles :

Combinaison des techniques :
Bien sûr, vous pouvez combiner toutes ces techniques. Vous pouvez très bien descendre un escalier avec une porte en bas. En même temps que vous descendez chaque marche, vous pouvez compter ou décompter.

Et lorsque vous arrivez en bas, vous prenez le temps d'observer la porte avant de l'ouvrir et de découvrir derrière autre chose.

Et pourquoi pas un autre escalier ou un ascenseur ?

Vous pouvez comme cela prolonger la phase d'approfondissement autant que vous le souhaitez, ou autant que cela vous semble nécessaire, pour entrer en transe.

À ce stade-là, il y a souvent une question qui vient : comment je sais si je suis en état d'hypnose ?

Nous ne pouvons pas savoir à coup sûr sans électro-encéphalogramme, mais il y a quand même certains signes de transes plus ou moins communs.

Je vais vous donner une liste des signes que l'on peut avoir en état de transe. Vous n'en aurez peut-être que certains dans cette liste, voire d'autres. Tout le monde n'a pas vraiment les mêmes.Petit à petit, vous apprendrez à repérer vos propres signes de transe.

Voici une liste des signes de transe courants :
- Des mouvements oculaires rapides des yeux (M.O.R., ou R.E.M. en Anglais).
- Le battement des paupières.

- La température corporelle peut diminuer. Si vous êtes dans un endroit où il ne fait pas très chaud, vous pouvez vous couvrir avant.
- Le pouls et la respiration plus lents.
- Le relâchement musculaire à différents endroits du corps, notamment sur le visage.
- Des mouvements corporels involontaires à certains moments.
- Des bâillements.
- Une perte de sensation corporelle.
- Une perte des repères spatio-temporels.

Rassurez-vous, si vous n'avez pas ces signes-là, cela ne veut pas dire que vous n'êtes pas en transe pendant vos exercices.
Peut-être que par la suite, plus vous irez en transe profonde lors des séances que vous ferez, plus vous pourrez remarquer ces signes de transe.

Notes personnelles :

## 4) Le Travail

C'est le cœur même de la séance. C'est l'étape où vous allez mettre en œuvre des techniques pour réaliser vos objectifs.

Nous allons voir ensemble plusieurs techniques que vous allez pouvoir expérimenter et ensuite vous approprier, pour amener dans votre vie tous les changements que vous souhaitez.

Je passe rapidement ici sur cette étape que nous allons approfondir lors de la partie III.

Nous allons donc passer directement à la dernière étape de la séance, pour revenir ensuite en détail dans la partie III, sur tout ce que nous faisons lors de ce moment.

Notes personnelles :

## 5) Le retour

Lorsque vous avez fini le fameux travail que vous souhaitiez faire lors de votre séance, la phase du retour consiste tout simplement à sortir de l'état modifié de conscience (E.M.C.) pour revenir à un état habituel de conscience (E.H.C.)

Cette phase se passe tout simplement en reprenant contact avec la réalité autour de vous.

Elle se fait en différentes étapes :
- Vous reprenez contact avec votre corps.
- Vous reprenez conscience de là où vous êtes.
- Vous pouvez bouger votre corps pour vous reconnecter pleinement à chaque sensation de votre corps.
- Vous pouvez prendre une ou deux grandes respirations.
- Puis, lorsque vous vous sentez prêt, vous ouvrez les yeux.

Il est bien de prendre son temps pour faire le retour, pour revenir en douceur. C'est plus agréable.

N'ayez pas peur de prendre trois à cinq minutes pour le retour, en fonction du temps de votre séance. En effet, plus votre séance est longue, plus ce sera bien de prendre votre temps pour revenir tranquillement à la conscience de ce qui vous entoure.

D'autre part, si lors de l'induction vous avez utilisé un escalier, vous pouvez réutiliser cet escalier pour le retour, mais cette fois bien sûr dans l'autre sens.

C'est-à-dire que si vous avez descendu l'escalier pour entrer en transe, vous pouvez ensuite remonter l'escalier pour le retour. Si vous avez utilisé un ascenseur pour descendre, vous pouvez l'utiliser pour remonter.

Et si vous avez fait tellement de choses que vous ne vous rappelez plus de votre chemin, ce n'est pas grave, ! Vous pouvez très bien utiliser un seul ascenseur qui vous ramène à l'état de conscience ordinaire.

Soyez créatif avec l'hypnose et amusez-vous. Ne prenez pas les choses trop au sérieux. Seule l'expérience vous permet de ressentir si votre façon de faire est adaptée ou pas.

Si jamais, vous avez peur de ne pas revenir facilement, ou même de vous endormir alors que vous avez un impératif ensuite, mettez-vous un rappel avec un réveil ou la sonnerie d'un smartphone. Vous saurez alors que lorsque vous entendez la sonnerie, c'est le moment de gérer votre retour.

Faites juste attention de vous mettre une sonnerie agréable et suffisamment douce pour ne pas sursauter lorsque la sonnerie retentit. Il n'y a rien de plus désagréable. C'est comme le matin.

Notes personnelles :

Après cette dernière étape du retour, j'aimerais juste rajouter un mot sur la structure d'une séance au niveau du temps.

Souvent, on me demande combien de temps doit durer une séance d'hypnose.

Ce n'est pas un temps précis, mais la plupart du temps, il vaut mieux compter entre 20 et 30 minutes, en fonction de ce que vous allez faire pendant cette séance. Ceci peut aussi durer plus longtemps, jusqu'à 45 minutes, ou plus.

Au niveau de la répartition du temps d'une séance, on va

prendre un exemple. Si une séance d'hypnose dure 30 minutes, nous allons avoir environ pour chaque phase :

- Fusibles................................1 minute
- Induction...............................4 minutes
- Approfondissement..................6 minutes
- Travail.................................15 minutes
- Retour..................................4 minutes

Bien sûr, ceci est juste à titre indicatif, mais c'est à peu près la répartition que vous devriez retrouver sur votre séance pour un bon équilibre. Ces temps sont à moduler en fonction du temps de la séance.

Eh, mais nous arrivons déjà à la découverte de votre première technique !

Découvrez-la en commençant la partie III.

Ensuite, nous allons enchaîner les différentes techniques qui vont vous permettre de transformer votre vie.

Le début d'une véritable aventure commence.

Allez, attachez votre ceinture, on va maintenant décoller :)

# III. LES TECHNIQUES

Au cours de cette partie, nous allons enchaîner les différentes techniques qui vous seront utiles dans votre vie.

À travers mon expérience de plus de dix ans d'accompagnement avec l'hypnose, j'ai pu identifier quelles étaient les techniques les plus utiles et les plus efficaces.

C'est pourquoi j'ai sélectionné pour vous le meilleur ensemble de techniques en fonction de leur utilité, leur efficacité et leur simplicité.
Pas besoin de prendre la technique la plus compliquée lorsqu'une autre plus simple arrive au même résultat. Pas besoin non plus de cent techniques différentes pour ne même plus savoir laquelle choisir lorsque vous souhaitez régler un problème.

Le but est d'avoir suffisamment d'outils, mais pas trop, et surtout les bons.

Une fois que nous aurons vu toutes les techniques ensemble, je vous récapitulerai comment vous pourrez les utiliser en fonction des objectifs que vous désirez atteindre.

## 1) L'endroit ressource

Cette technique va consister à s'évader pendant quelques instants dans un endroit de bien-être qui vous permet de vous ressourcer.

Bien sûr, nous n'avons pas tous la même image d'un endroit ressourçant. Pour certains, ce sera au bord de la mer, pour d'autres, à la montagne, pour d'autres encore, auprès d'une rivière ou d'un lac. Je remarque que pour beaucoup c'est dans la nature. Et pour cause : la nature apporte souvent calme et énergie.

Mais, si pour vous c'est différent, vous pouvez choisir un tout autre endroit. Ce peut être lié à un souvenir agréable ou même un lieu totalement imaginaire. Peu importe. Ce qui est important, c'est que lorsque vous vous imaginez dans cet endroit, vous vous sentiez bien.

Alors prêt pour l'immersion dans cet endroit ressource ?

Je vous détaille l'ensemble des étapes de la séance.

**Technique de l'endroit ressource** :

1. Tout d'abord, commencez par lire les fusibles.
2. Ensuite, utilisez la technique de l'induction qui vous convient le mieux.
3. Petit approfondissement avec l'escalier ou l'ascenseur, qui vous amène directement à l'endroit ressource lorsque la porte s'ouvre.
4. Entrez dans votre endroit ressource.

5. Profitez de chacun de vos sens pour capter pleinement chaque sensation dans cet endroit. Vous pouvez imaginer ou vous rappeler des odeurs de cet endroit, de retrouver les sensations sur votre corps : le vent, le soleil. Vous pouvez regarder le paysage autour de vous. Vous pouvez marcher dans ce lieu, peut-être même toucher quelque chose : un arbre, de l'eau, des fleurs, et vous reconnecter à chaque sensation que cela apporte. À l'intérieur de votre esprit, il y a la mémoire de chaque sensation, que vous pouvez retrouver simplement à travers ce parcours. Soyez attentif aux bruits aussi ou au silence. Plongez dans chaque sensation agréable que vous ressentez. C'est comme un moment de vacances, où le temps ne compte plus.
6. Vous pouvez ensuite faire le retour par le même chemin pour revenir pleinement à vous, à l'endroit d'où vous êtes parti.

Définissez bien un temps pour cette séance, entre 20 à 35 minutes.

Vous pouvez vous mettre un rappel si vous avez peur de dépasser le temps. Lorsque cela sonnera, ce sera tout simplement le moment de « revenir » à vous, à votre rythme.

Cette technique de l'endroit ressource vous permettra chaque fois que vous en avez envie de sortir du stress, de vous évader, de prendre du recul.

Des choses très utiles quoi !
À faire sans modération…

Notes personnelles :

## 2) Les ancrages

Connaissez vous l'histoire de la madeleine de Proust ?

Si vous ne la connaissez pas, l'écrivain Proust raconte dans son livre « Du côté de chez Swann » qu'en mangeant une madeleine, l'odeur et le goût de celle-ci lui permirent tout à coup de revenir sur un vieux souvenir agréable avec sa tante qui lui donnait des madeleines lorsqu'il était petit.

Peut-être avez-vous déjà vécu ce genre d'évènement qui peut survenir à travers une odeur, un bruit, une sensation physique, un goût. Ceci vous ramène sans crier gare sur un vieux souvenir parfois oublié, mais toujours associé à une émotion particulière.

Ceci arrive souvent avec des musiques. Vous savez cette musique d'un été particulier qui vous rappelle soudainement plein de moments agréables. Et vous repartez dans vos souvenirs, comme cela, instantanément, et passez un moment à rêvasser.

Ce type de conditionnement associatif fait partie de notre fonctionnement de tous les jours.

L'ancrage est le nom donné en hypnose pour une association entre une réponse émotionnelle et un déclenchement externe, notamment au niveau de nos sens (Visuel, Auditif, Kinesthésique - les sensations corporelles -, Olfactif, Gustatif). On appelle l'ensemble de ces sens le VAKOG.

C'est le cas de la madeleine de Proust. L'odeur de la madeleine étant associée à un souvenir avec des

sensations et des émotions particulières.
C'est sûrement le cas pour vous aussi pour différents moments de votre vie. Certains dont vous avez conscience, mais aussi des milliers dont vous n'avez aucune conscience ou aucun souvenir conscient.

Mais tous ces ancrages ont une action sur vous, que vous en soyez conscient ou pas.

D'autre part, en même temps qu'il peut y avoir des ancrages positifs, comme ceux cités, il peut aussi y avoir des ancrages négatifs. Nous appelons des ancrages négatifs, des ancrages associés à des émotions désagréables, et des ancrages positifs, des ancrages associés à des émotions agréables.

Par exemple, lorsque vous étiez plus jeune, vous pouvez avoir mal vécu le fait d'être passé au tableau à l'école et de ne pas savoir répondre à la question devant tout le monde. Lorsque, devenu adulte, vous devez prendre la parole en public, vous vous sentez mal, sans savoir pourquoi. C'est tout simplement cette expérience associée dans votre esprit à cette émotion désagréable de honte, ou de malaise, que vous avez ressentie en parlant devant les autres.

En hypnose, de manière générale, on va beaucoup travailler sur les ancrages. Car c'est la base même qui peut nous empêcher de réaliser certaines choses dans la vie alors que nous souhaitons vraiment les faire.

Tout d'abord, la première technique que nous allons voir va vous permettre de créer un ancrage pour « mémoriser » une ressource en vous, et l'associer à un stimuli pour réactiver cette sensation sur commande.

Nous allons utiliser la technique de l'endroit ressource (que vous connaissez maintenant) pour créer un ancrage à partir de là et ensuite, pouvoir ramener sur commande et immédiatement cette sensation de bien-être quand vous le souhaitez.

Comme cela, lorsque vous vous trouvez dans un endroit où vous ne pouvez pas faire de séance d'hypnose pour être mieux, alors que vous ne vous sentez pas bien, vous pouvez activer cet ancrage et ainsi ramener immédiatement ce bien-être en vous.

Avant de commencer cette séance, vous allez d'abord définir quel ancrage vous allez faire pour mémoriser cette ressource.
En général, pour les ancrages en hypnose, nous utilisons surtout des ancrages corporels, car ils sont plus facile à utiliser par la suite.

En effet, on pourrait aussi pareillement associer cette sensation agréable à une odeur ou un bruit.
Mais ensuite, lorsque vous auriez besoin d'utiliser l'ancrage, il vous faudrait l'odeur ou le bruit en question avec vous. Ce n'est pas très pratique. Par contre sur le corps, c'est plus simple, car notre corps nous sommes plus sûrs de l'avoir avec nous :)

Comme ancrage corporel, on peut faire des choses simples, comme fermer une main, toucher deux doigts ensemble, par exemple l'index et le pouce de la main droite. Toucher deux doigts donne plus de possibilités d'ancrages (avec les différents doigts).

Nous associons un ancrage à une émotion. Donc si nous voulons créer des ancrages pour plusieurs émotions, c'est bien de partir sur cette possibilité-là.

La photo ci-dessous vous montre le type d'ancrage que l'on peut faire avec le pouce et l'index :

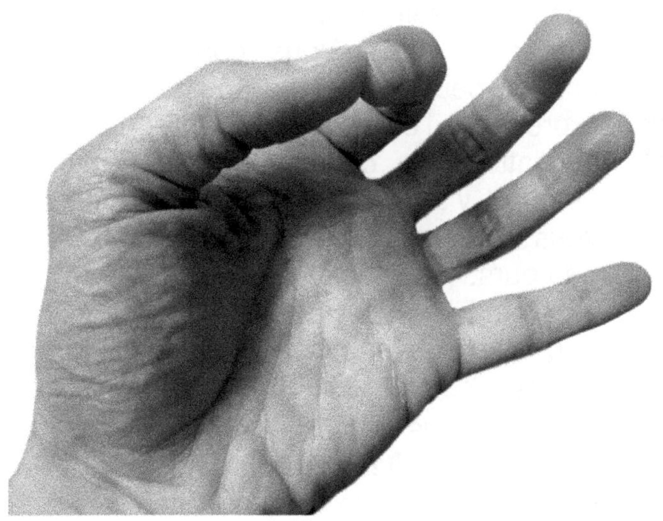

Soyez attentif à la manière dont vous faites l'ancrage, car ensuite pour activer cet ancrage, il faudra refaire exactement le même geste.

**Technique d'ancrage de ressource:**

1. Tout d'abord, commencez par lire les fusibles.
2. Ensuite, utilisez la technique de l'induction qui vous convient le mieux.
3. Petit approfondissement, avec l'escalier ou

l'ascenseur, qui vous amène directement à l'endroit ressource lorsque la porte s'ouvre.

4. Entrez dans l'endroit ressource.
5. Profitez de chacun de vos sens pour capter pleinement chaque sensation dans cet endroit. Vous pouvez imaginer ou vous rappeler des odeurs de cet endroit, retrouver les sensations sur votre corps : le vent, le soleil. Vous pouvez regarder le paysage autour de vous. Vous pouvez marcher dans cet endroit, peut-être même, toucher quelque chose : un arbre, de l'eau et vous reconnecter à chaque sensation que cela apporte. À l'intérieur de votre esprit, il y a la mémoire de chaque sensation, que vous pouvez retrouver simplement à travers ce parcours. Soyez attentif aux bruits aussi et au silence. Plongez dans chaque sensation agréable que vous pouvez ressentir. C'est comme un moment de vacances où le temps ne compte plus.
6. Lorsque vous sentez que la sensation agréable est au top, vous allez serrer les deux doigts ensemble (si c'est l'ancrage que vous avez décidé de faire). Tenez les deux doigts comme cela pendant environ une minute. N'hésitez pas avant de faire l'ancrage à monter l'émotion au maximum en vous focalisant sur tout ce qui est agréable dans ce moment.
7. Lorsque vous avez bien associé les deux doigts avec cette émotion, vous pouvez relâcher les doigts.
8. Ensuite, faites le retour par le même chemin pour revenir à l'endroit d'où vous êtes parti.

Maintenant, cette posture des deux doigts est associée à cette émotion agréable de l'endroit ressource. Chaque fois que vous voudrez retrouver ce bien-être immédiatement, il vous suffira de refaire ce geste pendant quelques secondes pour réactiver l'émotion associée. C'est aussi simple que cela !

Maintenant, nous allons aborder un deuxième niveau de connaissance sur l'ancrage.

En fait, l'ancrage fonctionne un peu comme une batterie. Vous le chargez et lorsque vous vous en servez, il se décharge.

Voyons tout ceci en schéma pour être le plus clair possible. En ordonnée, nous avons l'intensité de l'émotion et de l'ancrage, et en abscisse le temps.

Vous avez d'abord une forte émotion positive ancrée.

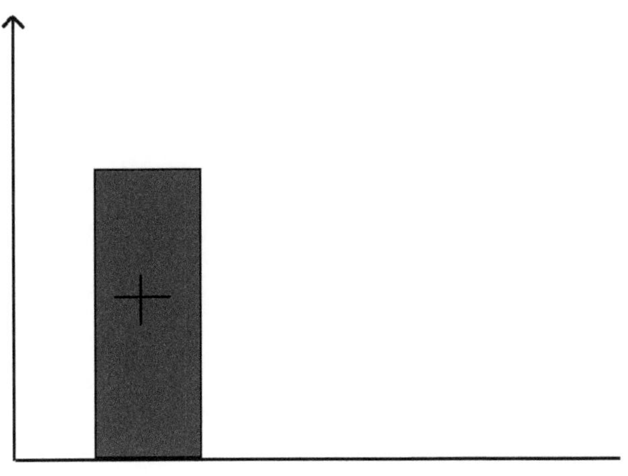

Ensuite, lorsque vous avez une émotion désagréable, mais moins forte que l'ancrage et que vous activez l'ancrage, alors l'émotion négative est balayée (les 3 schémas suivants)

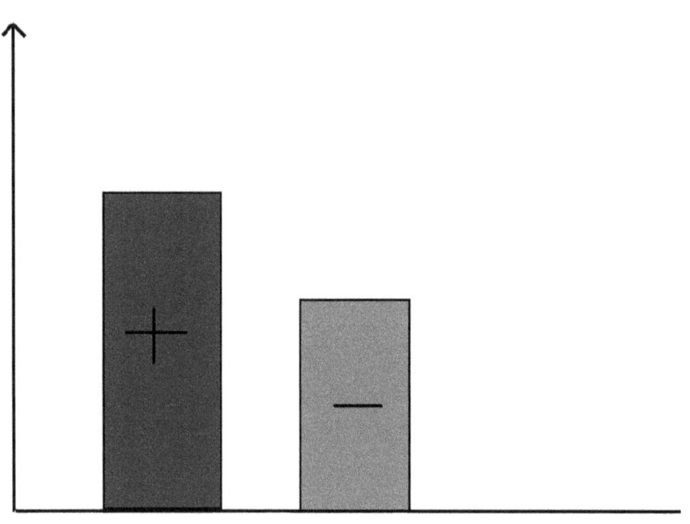


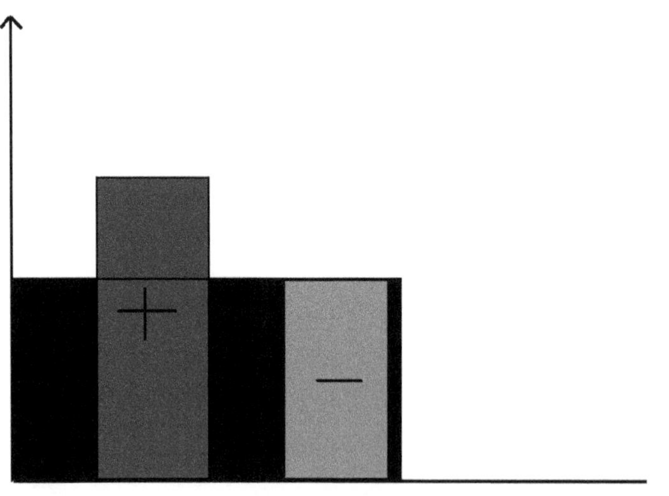

Il ne reste qu'un surplus de l'ancrage positif qui a été diminué dans cette opération.

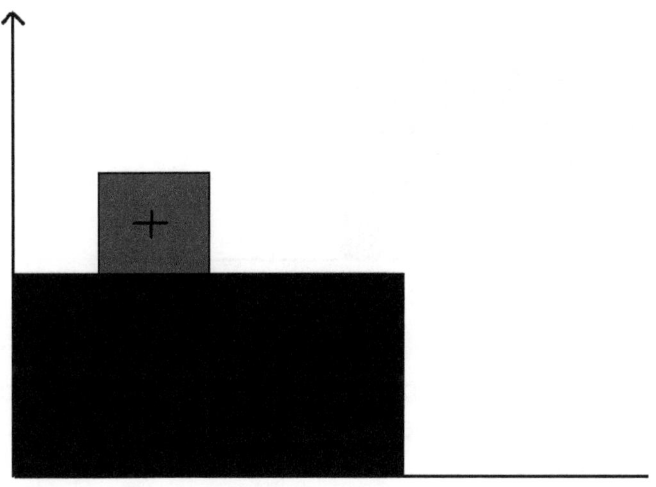


Si vous utilisiez à nouveau votre ancrage sur une autre émotion négative, ce n'est pas sûr qu'il soit plus puissant que l'émotion négative et qu'il la fasse partir.

C'est pourquoi, il est extrêmement important après utilisation d'un ancrage, de le recharger (comme une batterie) pour qu'il soit suffisamment puissant ensuite pour pouvoir balayer la prochaine émotion négative.

Pour le recharger, on pratique exactement comme pour le créer. Nous faisons une séance d'hypnose d'ancrage de ressource, comme vu précédemment. Ce qui permet de renforcer l'ancrage en puissance (voir schéma suivant).

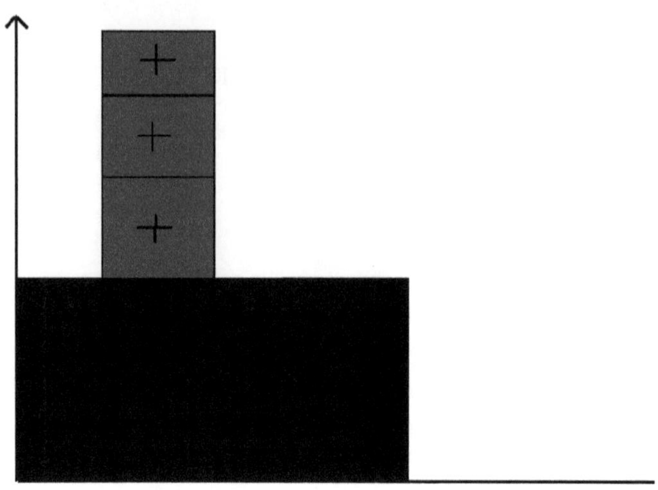


Ainsi, lorsque viendra une autre émotion négative, cet ancrage sera suffisamment fort pour la balayer (les 3 schémas suivants).

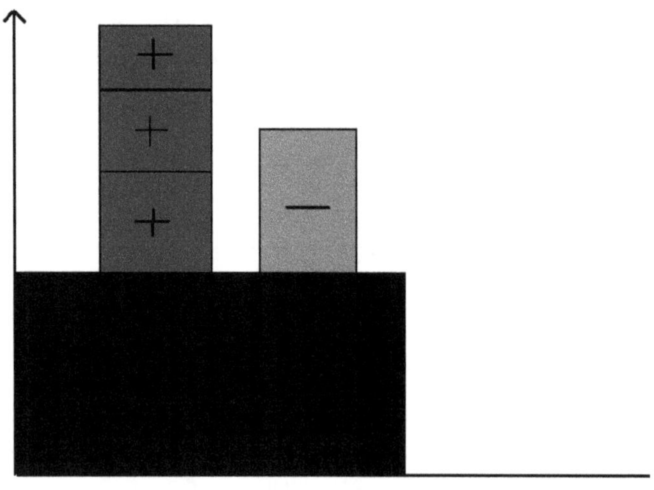

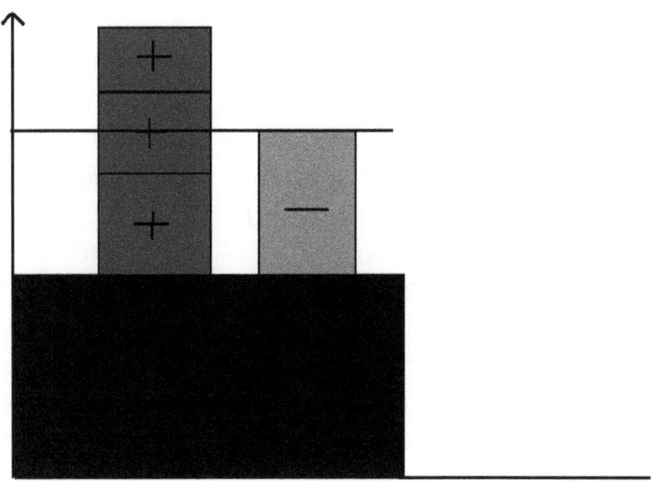


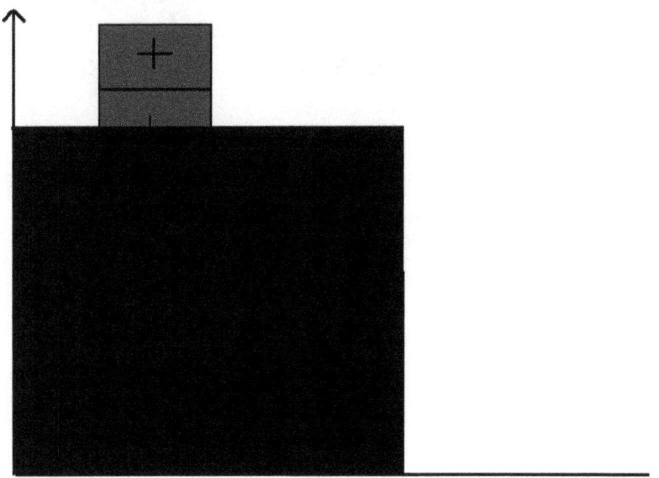


Pensez donc bien à recharger régulièrement un ancrage pour qu'il reste puissant pour pouvoir balayer toute émotion négative contraire.

Il est possible de faire des ancrages spécifiques pour chaque émotion distincte. Pour ancrer un type d'émotion, il suffit de revenir dans un souvenir associé à cette émotion et de faire l'ancrage souhaité pour celle-ci, une fois que vous la ressentez à nouveau.

Par exemple, nous pouvons faire un ancrage de ressource pour la confiance, un autre pour le calme et la sérénité, et puis un autre pour la concentration. Vous pouvez même en faire autant que vous le souhaitez. Mais avec trois ou quatre, c'est en général largement suffisant.

Et puis, dans un premier temps, je vous conseille déjà d'en faire un et de l'expérimenter. Une fois que vous saurez bien l'utiliser, alors vous pourrez en faire d'autres. Prenez votre temps.

Notes personnelles :

## 3) Trouver la ressource

Il arrive parfois dans la vie que certains évènements nous malmènent et nous conduisent dans des émotions désagréables.
Le problème le plus important n'est pas seulement de souffrir. En fait, le plus gros problème vient du fait que, tout pendant que nous sommes dans cet état, il est difficile de se sortir de la situation.
En effet, lorsque vous êtes triste ou déprimé, vous avez peu d'énergie pour avancer, sans parler de renverser la situation. Pour cela, il faut beaucoup d'énergie. C'est pourquoi beaucoup de personnes restent des jours, voire des semaines ou parfois des mois, pour se sortir d'une situation difficile.

Avec cette technique, en plus de l'ancrage, vous allez pouvoir retrouver sur commande la ressource dont vous avez besoin.

En fait, quasiment chaque émotion dans laquelle vous souhaitez être, vous l'avez déjà connue. C'est pourquoi vous allez pouvoir aller chercher dans cette masse d'informations de votre mémoire tous les éléments nécessaires.

Si par exemple vous souhaitez être calme, vous avez sûrement connu un moment de calme. Si vous souhaitez vous sentir en confiance, vous avez sûrement connu un moment de confiance.

Alors, voyons ensemble comment vous allez pouvoir utiliser votre histoire de manière efficace.

**Technique pour trouver la ressource** :

1. Tout d'abord, commencez par lire les fusibles.
2. Ensuite, utilisez la technique de l'induction qui vous convient la mieux.
3. Petit approfondissement avec l'escalier ou l'ascenseur, qui vous amène plus profondément en transe.
4. Ensuite, revenez dans un souvenir où vous avez ressenti l'émotion que vous souhaitez ressentir à nouveau dans votre vie. Prenez le temps de bien ressentir cette émotion liée à ce souvenir. Passez en revue tous vos sens (Visuel, Auditif, Kinesthésique, Olfactif, Gustatif) pour bien revivre tout ce qui se passe dans cette scène comme si vous la vivez vraiment maintenant.
5. Si vous le souhaitez, vous pouvez rajouter un ancrage que vous pourrez ainsi réutiliser plus tard.
6. Ensuite, faites le retour par le même chemin pour revenir à l'endroit d'où vous êtes parti.

Il arrive parfois qu'en partant sur un souvenir précis, un autre arrive ensuite. S'il est de même nature, vous pouvez, pourquoi pas, continuer sur celui qui est apparu après, si vous le voulez.

Par exemple, vous êtes parti sur un souvenir d'un succès à l'école pour amener la confiance en vous. Puis un autre souvenir de succès est ensuite venu. Comme c'est un souvenir aussi de succès, vous pouvez très bien continuer sur celui-ci lors de la séance.

D'autre part, si vous ne pensez pas avoir de souvenir correspondant à l'émotion que vous souhaiteriez vivre maintenant dans votre vie, vous pouvez aussi complètement inventer et imaginer une scène qui correspondrait à cette émotion.

De même, si vous avez un souvenir mais qu'il ne vous semble pas suffisamment fort émotionnellement, alors lorsque vous revenez dessus, amplifiez l'émotion autant que vous le souhaitez en rendant ce souvenir plus beau et grandiose. Dans votre séance d'hypnose, il n'y a pas de limite. C'est à vous de fixer le cadre, comme vous le souhaitez.

Notes personnelles :

## 4) Projection dans le futur

Cette technique va être très intéressante pour construire votre futur.

Il n'est même plus à prouver que l'état d'esprit dans lequel vous allez aborder les évènements de la vie va les influencer. Si vous abordez la vie de manière défaitiste, vous allez avoir tendance à rater ce que vous entreprenez. Et si vous l'abordez de manière optimiste, vous allez mieux réussir.

Bien sûr, ce n'est pas une loi absolue qui vous permettra de tout réussir parce que vous abordez la vie de manière optimiste. Mais votre attitude va quand même être déterminante.

C'est pourquoi il est aussi important d'avoir un bon état d'esprit à chaque instant.

La technique que je vais vous présenter maintenant va justement vous permettre de vous conditionner positivement pour votre avenir.

Vous pourrez l'utiliser plus particulièrement lorsque se présentent à vous des évènements importants que vous souhaitez absolument réussir, et que vous craignez de rater. Par exemple des examens, des entretiens, des rencontres importantes, des évènements particuliers. Tout ce qui vous demande notamment d'être absolument au top le jour J et pour lequel vous êtes susceptible de stresser.

Vous pouvez aussi l'utiliser de manière générale pour vous mettre dans les meilleures conditions pour aborder votre futur, même si vous n'être pas spécialement négatif.

**Technique de la projection dans le temps** :

1. Tout d'abord, commencez par lire les fusibles.
2. Ensuite, utilisez la technique d'induction qui vous convient la mieux.
3. Approfondissement, avec l'escalier ou l'ascenseur, qui vous amène plus profondément en transe.
4. Ensuite imaginez l'évènement à venir, de la meilleure façon qui soit. Prenez le temps de ressentir chaque émotion liée à ce futur. Passez en revue tous vos sens (Visuel, Auditif, Kinesthésique, Olfactif, Gustatif) pour bien ressentir tout ce qui se passe dans cette scène, comme si vous la vivez vraiment maintenant. Réjouissez-vous de la vivre de cette manière.
5. Si jamais, pendant que vous imaginez la situation idéale, votre esprit inconscient vous fait surgir des choses moins sympathiques dans cet évènement, alors plutôt que de s'y opposer, vous allez les intégrer en vous arrangeant systématiquement pour que les choses tournent bien. J'explique. Si par exemple vous vous projetez dans un examen qui se passe parfaitement bien. Mais, tout à coup, votre inconscient, qui sait très bien que cette version n'est pas tout à fait le reflet de votre réalité d'avant, va peut-être y inclure vos peurs. Par exemple, le fait que la personne qui vous fait passer l'examen n'est pas souriante ou pas sympa, ou qu'elle pose des questions difficiles. OK, pas de problème, tout cela

peut très bien arriver. Vous allez juste vous imaginer calme et tranquille dans toutes ces situations et que vous trouvez les réponses en prenant le temps de réfléchir et qu'au final vous vous en sortez parfaitement bien. Vous comprenez l'astuce ? Ainsi, vous ne vous opposez pas à ce que vous amène l'inconscient et vous l'intégrez dans cette projection. Une fois que vous êtes à l'aise dans ce scénario, vous pouvez le repasser à plusieurs reprises en ressentant à chaque fois de plus en plus de confort et de plaisir.

6. Si vous le souhaitez, vous pouvez ajouter un ancrage que vous pourrez ainsi réutiliser plus tard.
7. Ensuite, faites le retour par le même chemin pour revenir à l'endroit d'où vous êtes parti.

Vous pourrez notamment faire cette technique le soir un peu avant de vous endormir. Les premiers rêves de la nuit sont très impactés par nos dernières pensées et émotions. Ainsi, votre esprit travaillera plus particulièrement sur cette projection pendant la nuit pour mettre en œuvre tout ce qu'il peut pour la réaliser.

Notes personnelles :

## 5) La récapitulation

J'utilise beaucoup la technique que je vais vous présenter, avec les personnes que j'accompagne.

Cette technique est à la fois extrêmement puissante et utile. Elle va vous permettre de faire un véritable nettoyage émotionnel.

En effet, nous nettoyons notre corps tous les jours mais nous oublions de nous nettoyer intérieurement. Pourtant, lorsque nous vivons certains évènements générateurs d'émotions désagréables, la plupart du temps, nous n'en sortons pas complètement indemnes. Nous gardons en nous des restes émotionnels.

C'est pourquoi, parfois même des années après, il suffit de reparler d'un incident douloureux pour sentir l'émotion monter en nous. Nous pensons l'avoir « digéré », et pourtant c'est encore très sensible. Que ce soit par rapport à une séparation, une épreuve, une dispute, un échec, etc.

L'avantage, avec cette technique, c'est que vous n'avez même pas besoin de revenir sur ce qui s'est passé. Comme vous allez le voir, nous allons laisser ce cher inconscient faire le travail pour nous. Il a déjà en mémoire tout ce qui s'est passé, donc pas besoin de lui préciser les éléments. Il suffit de savoir sur quoi on travaille.

À ce sujet, dans cette technique, il est possible de travailler aussi bien sur un évènement précis que sur une période particulière, qui peut être de quelques semaines, comme de plusieurs années. Bien sûr, si vous travaillez sur une longue période, le travail de nettoyage sera d'autant plus important et long.

Dans un premier temps, je vous encourage à travailler sur une petite chose afin de vous familiariser avec cette technique. Ensuite, vous pourrez traiter des choses plus importantes.

Dans cet exercice, nous allons beaucoup nous reposer sur l'inconscient pour qu'il fasse ce travail de nettoyage intérieur. En effet, vous ne savez pas nécessairement tout ce que vous avez gardé en vous de cet évènement. Pas plus que vous ne savez ce que vous avez pu aussi y laisser de vous-même.

**Technique de la récapitulation** :

1. Tout d'abord, commencez par lire les fusibles. Un fusible supplémentaire pour cet exercice : « Ce travail de nettoyage se fera au rythme qui est bien pour qu'il reste confortable à la fois pendant et après la séance. »
2. Ensuite, utilisez la technique de l'induction qui vous convient le mieux.
3. Petit approfondissement, avec l'escalier ou l'ascenseur, qui vous amène plus profondément en transe.
4. Allez en imagination dans un endroit tranquille, différent de l'endroit ressource, et prenez un moment pour vous sentir calme et tranquille dans cet endroit.
5. Dans les livres d'histoire, on représente le temps sous la forme d'une ligne sur laquelle on place les différents évènements. De la même façon, imaginez

que votre vie est représentée sous la forme d'une ligne de temps qui passe à travers vous de gauche à droite, dans l'espace. Ce qui fait que votre passé se retrouve à votre gauche, le présent à l'intérieur de vous et le futur à votre droite.

6. Ensuite, vous allez inspirer au centre, au présent (droit devant vous) pour prendre dans ce souffle tous les éléments du passé que vous avez encore en vous, et qu'il est bien de laisser partir. Pas besoin de savoir quoi. Votre inconscient lui le sait. Vous allez juste vous laisser guider par les sensations de votre corps. Puis, vous tournez la tête à gauche vers le passé et vous soufflez tout cela pour le laisser repartir d'où cela vient. Puis, vous allez tourner à nouveau la tête et revenir au centre, reprendre une grande inspiration et tourner à nouveau la tête à droite et souffler très fort pour laisser partir tout cela très loin. Vous allez faire cette opération autant de fois que cela vous semble bien, uniquement guidé par vos ressentis. Lorsque vous aurez la sensation d'avoir tout soufflé, alors la tête pourra s'arrêter à nouveau au centre à l'écoute des sensations du corps. Si vous ressentez qu'il reste des choses en vous de cet événement ou période, vous répétez l'exercice. En même temps que vous ferez cela, vous aurez peut-être des sensations de tensions qui s'en iront, de légèreté qui se fera ou autres. Ecoutez simplement vos ressentis, quels qu'ils soient. Une fois que vous aurez fini cette étape, vous pourrez passer à la suivante.
7. Après avoir évacué les lourdeurs, tensions, et émotions liées à la situation, vous aurez fait de la place en vous. Vous savez, c'est comme lorsque vous faites du ménage, vous triez et vous jetez dans

un grand sac-poubelle tout ce qui est bon à jeter. Vous faites ainsi de la place pour autre chose de mieux. Donc ensuite, comme la nature a horreur du vide, vous allez remplir cette place en allant rechercher tout ce que vous y aviez laissé de vous-même dans cette histoire. En effet, souvent dans des évènements douloureux, nous laissons beaucoup d'énergie, voire des parties de nous. Pour aller récupérer cette bonne énergie, vous allez cette fois tourner la tête à gauche vers le passé et vous allez prendre une grande inspiration pour reprendre tout ce qui vous appartient et qu'il est important de reprendre en vous pour vous sentir pleinement vous-même en totalité. Puis, vous tournez la tête au centre (au présent) et vous soufflez toutes ces choses importantes en vous, pour vous retrouver pleinement vous-même. Vous allez là aussi pouvoir le faire à plusieurs reprises, autant de fois qu'il est nécessaire, afin de reprendre en vous tout ce qu'il est bien de reprendre, et uniquement ce qu'il est bien de reprendre. Toujours guidé par vos ressentis, vous laisserez la tête à nouveau au centre, à l'équilibre, lorsque ce sera fait.

8. Vous pouvez ensuite passer à nouveau un petit moment tranquille dans cet endroit agréable où vous avez fait ce travail.
9. Ensuite, faites le retour par le même chemin pour revenir à l'endroit d'où vous êtes parti.

Après cette séance le travail continuera de se faire encore pendant des heures, voire même des jours. C'est pourquoi dans les fusibles j'ai rajouté : «que ce travail continue de se faire au rythme qui est bien pour que tout ceci reste confortable».

Je vous conseille aussi de boire beaucoup d'eau pour aider votre corps à faire tout ce travail de nettoyage des émotions. C'est un vrai travail physique, où chaque émonctoire va agir pour éliminer tous ces restes émotionnels.

Il se peut que pendant le temps du travail d'élimination, vous soyez particulièrement fatigué. C'est normal. Laissez faire votre corps. Vous allez ensuite récupérer sûrement beaucoup d'énergie.

Notes personnelles :

## 6) Objectifs

Comme je vous l'avais dit au départ, chaque séance a un objectif. Se fixer des objectifs est donc important.

Dans la technique suivante que nous allons voir, ce sera encore plus important puisque votre inconscient travaillera pour vous de manière autonome. Il est donc essentiel qu'il puisse bien comprendre votre objectif, sous peine de ne pas faire ce que vous souhaitez.

Nous allons donc voir ici tout l'art de fixer à votre inconscient de bons objectifs, c'est à dire à la fois clairs et compréhensibles pour lui.

Votre inconscient est une partie de vous-même qui par défaut essaie de faire ce qui est le meilleur pour vous. Mais sa compréhension des choses n'est pas la même que la vôtre. D'où, parfois, certaines incompréhensions ou divergences.

L'objectif est la cible, le but à atteindre.

Et pour avoir un maximum de chance d'y arriver, il faut respecter un certain nombre de critères :

### A) Cet objectif doit être énoncé de manière positive

Votre inconscient est parfois comparé en hypnose à un enfant de cinq ans. Comme lui, il a une compréhension simple de la parole. Il ne comprend pas vraiment la structure grammaticale. Pour lui, ce sont les mots qui sont importants et les représentations qu'ils évoquent.

C'est pourquoi l'inconscient ne prend pas en compte la négation. Je vais vous donner un exemple pour que vous compreniez ce phénomène. Si je vous demande de ne pas penser à un éléphant rose avec une petite trompe et de grandes oreilles qui joue avec un ballon bleu. Pas un gros ballon, juste un petit.

Que se passe-t-il dans votre tête ?

Vous avez vu cet éléphant avec son ballon, non ?

Et pourtant je vous ai demandé de ne pas y penser. Alors pourquoi ?

Et bien justement, c'est cela le phénomène. Comme votre inconscient ne gère que les mots et ce qu'ils évoquent, que je vous dise de penser ou de ne pas penser à cet éléphant rose, vous le visualisez. Et même peut-être encore maintenant.

Même le ballon bleu ?

Énervant non ?

C'est pourquoi, vu le fonctionnement de votre inconscient, vous avez intérêt à lui demander ce que vous voulez, et surtout pas ce que vous ne voulez pas.

Souvent lorsque je demande aux personnes qui viennent me consulter ce qu'elles veulent, j'ai souvent des réponses types : je ne veux plus être grosse, je ne veux plus vivre telle chose, etc.

Les personnes me disent que ce qu'elles ne veulent pas, et non ce qu'elles veulent.

Alors vous allez devoir être vigilant sur ce point. Pensez à ce que vous voulez et non à ce que vous ne voulez plus.

Si je ne veux plus être gros, je dirais quel poids je veux obtenir ou quelle silhouette je souhaite avoir.

### B) Il doit dépendre de vous et vous concerner

Votre objectif doit parler de vous et non des autres. Si votre objectif est que votre voisin vous laisse tranquille, ce n'est pas un objectif qui dépend de vous.

Cet objectif pourra alors évoluer plutôt vers quelque chose comme : « Je veux trouver un moyen qui me permette d'être en harmonie avec mon voisin ».

Même chose, si vous avez des problèmes de couple. Un objectif n'est pas que votre compagne ou compagnon change. Le changement doit plutôt vous concerner, vous.

Un objectif concernant des éléments hors de votre contrôle, c'est la même chose. Si votre objectif est qu'il fasse beau demain, évidemment cela ne marche pas. Ce n'est pas sous votre contrôle. À moins que vous ayez des pouvoirs surnaturels que je ne connais pas.

Cela m'intéresse alors… :)

### C) Il doit être cohérent dans l'espace et le temps

Si par exemple vous avez l'objectif de rentrer dans le top 10 mondial de tennis l'année prochaine, mais que vous débutez tout juste le tennis, ce n'est pas cohérent dans le temps. Vous pourrez peut-être arriver un jour à rentrer dans ce top 10 mondial, mais l'année prochaine semble un objectif inatteignable.

Par contre, si vous vous fixez le même objectif dans 15 ans et que vous commencez le tennis à 5 ans, ceci peut sembler déjà plus réalisable.

De même, si vous avez pour objectif de sauter de la Tour Eiffel et de vous réceptionner sur un pied, sans aucun parachute, ni aide, ceci ne me paraît pas trop cohérent actuellement avec les moyens à notre disposition.

Mais si votre objectif est d'inventer un appareil qui nous permet de faire cela, c'est alors différent.

Vous voyez ? C'est une question de bon sens, avant tout.

Mais même si énoncé ainsi, cela vous parait évident, lorsque vous fixez votre objectif, prenez bien le temps d'analyser s'il répond bien à ces trois critères :

- Énoncé de manière positive.
- Dépend de vous et vous concerne.
- Cohérent dans l'espace et le temps.

Bien sûr, pour vérifier ces différents éléments, il faut rédiger votre objectif sur papier. Si vous l'énoncez juste dans votre tête, vous ne pouvez pas vraiment vérifier s'il correspond à ces différents critères.

D'autre part, vous verrez que lorsque vous le rédigez, ceci vous oblige à plus de clarté et de précision sur votre objectif. C'est important pour poser un objectif précis et efficace.

Une fois sur papier, vous pouvez examiner votre objectif en suivant les quelques questions que je vous donne ci-dessous, afin de vérifier s'il est en cohérence avec vous :

- En quoi est-ce important pour vous ? (qu'est-ce que cela va vous apporter ?)
- Quand et comment saurez-vous que vous avez atteint votre objectif ?
- Pourrait-il y avoir un problème à atteindre cet objectif ?
- Comment cela se passera quand vous aurez atteint votre objectif ?
- Qu'est-ce qui vous empêche de réussir maintenant ?
- Êtes-vous prêt pour ce changement dans votre vie ?

Ces différentes questions pourront aussi vous alerter sur un objectif qui semblait bien au premier abord. Mais au final, non adapté actuellement, ou détourné de ce qui est vraiment important pour vous.

Notes personnelles :

## 7) La technique de Rossi

La technique que nous allons voir maintenant, je l'appelle le couteau suisse. Tout simplement parce qu'elle permet de tout faire ou presque. Chaque fois que vous ne saurez pas quoi faire, vous pourrez l' utiliser.

Rossi est un psychothérapeute américain qui a beaucoup travaillé avec le Dr Milton Erickson, le précurseur de l'hypnose moderne.

Dans cette technique, vous allez laisser tout le travail à votre inconscient. Vous n'aurez rien à faire. C'est pourquoi l'objectif a intérêt à être très clair afin que vous puissiez obtenir de bons résultats.
La particularité de cette technique, c'est aussi que c'est du tout en un. C'est-à-dire que l'induction, le travail et la sortie, tout se gère en même temps.

C'est une technique dans laquelle vous allez utiliser le corps comme indicateur du travail intérieur. Une manière particulière que Rossi a beaucoup développée pour tout prendre en compte, et ne pas se focaliser sur le mental.

Tout fonctionne ensemble : corps et mental. Pour Rossi, c'est est une évidence de lier les deux dans le travail.

Ce qui est génial avec cette technique, c'est que vous n'avez pas besoin de savoir d'où vient le problème et pourquoi il est là. Si vous, vous ne savez pas, votre inconscient, lui, le sait. Rappelez-vous que tout est stocké dans votre inconscient. Tout ce que vous avez vécu et ressenti s'y trouve. Donc les raisons de votre problème d'aujourd'hui y sont aussi.

Il vous faut juste définir l'objectif que vous souhaitez atteindre en respectant les principes de la définition d'objectif, vus précédemment.

**Technique de Rossi** :

1. Tout d'abord, commencez par mettre les mains en face l'une de l'autre, comme sur la photo.

2. Ensuite, vous allez prendre une grande respiration et en même temps que vous soufflez, vous fermez les yeux.

3. Puis, vous vous concentrez sur la sensation des mains et l'espace qu'il y a entre les mains.
4. À partir de là, vous allez parler à votre inconscient pour lui demander s'il est d'accord pour travailler maintenant sur l'objectif que vous avez. Ceci se fait de manière très simple. Vous n'êtes pas obligé de parler à voix haute, vous pouvez le faire dans votre tête. Juste lui dire : « Inconscient, es-tu d'accord pour travailler maintenant sur (votre objectif). Si tu es d'accord, fait se rapprocher les deux mains, si tu n'es pas d'accord pour travailler sur cet objectif maintenant, fait les s'éloigner ». Puis, vous restez à l'écoute de la sensation des mains, de votre respiration et vous laissez faire les mains. Vous ne forcez rien au niveau des mains, ni pour bouger, ni pour les maintenir.
5. 1re possibilité : les mains s'éloignent l'une de l'autre. Vous avez une réponse de votre inconscient. Vous le remerciez pour sa réponse. Il n'a pas envie de travailler sur ce point maintenant. Il a sûrement de bonnes raisons. Donc, laissez pour l'instant. Votre séance est terminée. Vous y reviendrez à un autre moment si c'est vraiment important pour vous. Revenez peut-être sur votre objectif pour vérifier s'il est bien posé. 2e possibilité : les mains se rapprochent. Si c'est le cas, pas besoin d'attendre que les mains se rejoignent. Dès que les mains se sont rapprochées, ne serait-ce qu'un peu, c'est que votre inconscient est d'accord pour travailler sur cet objectif. Alors vous passez à l'étape d'après.
6. Votre inconscient va aller chercher en vous toutes les informations utiles et nécessaires pour avancer sur cet objectif. Au fur et à mesure qu'il remplit cette tâche, la main gauche descend au rythme où ce

travail se fait. Là aussi, vous ne faites rien, mais laissez faire la main. Cette étape peut prendre un certain temps, en fonction du nombre d'informations à rassembler. Cela peut très bien prendre une, comme dix minutes. Donc, soyez patient et laissez-faire.

7. Une fois la main complètement descendue, c'est la main droite, cette fois, qui va descendre à son tour, au rythme où l'inconscient va utiliser toutes ces informations pour élaborer les solutions adaptées à votre objectif. Là aussi, cela durera, comme disait Fernand Raynaud, un « certain temps ».
8. Lorsque la main droite sera complètement descendue aussi, alors votre séance sera terminée. Vous pouvez donc revenir à la pleine conscience des choses autour de vous, au rythme qui vous convient. Prenez le temps nécessaire pour revenir confortablement. Une fois bien revenu, vous pouvez ouvrir les yeux et reprendre le cours de votre journée.

Il vous faudra certainement pratiquer plusieurs fois cette technique pour bien assimiler tous les automatismes entre les mains qui se rapprochent, la main gauche qui descend et ensuite la main droite.

Mais ensuite, tout ceci deviendra une évidence qui vous permettra de faire ce type de séance dans un état profond d'hypnose en laissant totalement faire votre inconscient. Ce qui fait qu'après une séance comme cela, parfois vous ne vous rappellerez même plus trop ce qui s'est passé, ni à quelle vitesse.
Mais si, quand vous revenez à vous, les deux mains sont

descendues, c'est que probablement, votre inconscient a fait son job.

Je dis souvent que l'hypnose est une grande école du lâcher-prise. Avec ce type de technique, vous allez vite le comprendre et l'intégrer ;)

Notes personnelles :

## 8) Signaling et discussion avec son inconscient

Votre inconscient est une partie de vous qui gère énormément de choses. Et ceci en permanence, de jour comme de nuit.

Même si vous ne vous en rendez pas compte, la nuit il se passe plein de choses en vous.

Rien que pour maintenir tout votre corps en fonctionnement, ce sont des milliers ou plutôt des millions d'opérations en ce moment même qui se font en vous, même si vous ne bougez pas. Votre cœur bat, le sang circule et va alimenter en oxygène chaque cellule de votre cerveau. À chaque instant, il y a un nombre incalculable d'opérations qui se font. Des neurones transmetteurs d'informations tiennent informé votre cerveau de tout ce qui se passe dans votre corps, des cellules meurent pendant que d'autres naissent, etc.

Nous sommes un monde à part entière, composé de milliards de cellules, organisées pour fonctionner ensemble !
Et ceci nécessite une organisation sacrément élaborée.

Notre inconscient, c'est quoi dans cette organisation ?
Est-ce qu'il est dans notre cerveau ? Ailleurs ?

Pour moi, l'inconscient est la somme de toute cette intelligence en nous qui maintient cette vie et s'occupe de cette organisation de manière automatique, sans aucune intervention consciente de notre part.

Cela concerne notre corps évidemment, mais aussi notre

cerveau.
D'année en année, nous comprenons mieux notre fonctionnement grâce à la science, et notamment les neurosciences.
Mais il nous reste beaucoup à apprendre et il y a encore beaucoup d'inconnus.

Je pense qu'à l'avenir, nous comprendrons que ce que nous appelons l'inconscient n'est pas dans notre cerveau, ou en tout cas pas uniquement. Mais c'est plutôt un groupe d'éléments qui fonctionnent ensemble pour former un tout cohérent et intelligent. Chaque cellule a une intelligence propre, et lorsque plusieurs cellules se regroupent ensemble, elles construisent tout simplement un organisme plus élaboré, avec un fonctionnement plus complexe. Si ce sujet vous intéresse, je vous encourage à lire un très bon livre qui s'appelle « Biologie des croyances » de Bruce H. Lipton.

Où se situe la conscience dans tout cela ? D'où vient-elle ? Où est-elle ? Ces questions restent pour la science, aujourd'hui encore, un mystère.

Mais ce qui est génial avec l'hypnose, c'est que nous partons du principe que nous n'avons pas besoin de tout comprendre pour utiliser ce qui fonctionne. C'est pragmatique.

Un peu comme vous utilisez tous les jours l'électricité, ou votre voiture, sans vraiment savoir comment cela marche à l'intérieur. Nous pouvons très bien appuyer tous les jours sur l'interrupteur pour allumer la lumière le matin, sans rien connaître à l'électricité, ou nous servir tous les jours de notre voiture, sans rien connaitre à la mécanique. Du moment que nous savons où il faut appuyer pour que cela fonctionne, c'est l'essentiel.

Nous allons aller un peu plus loin dans ce sens. De même que dans la méthode de Rossi, nous allons maintenant explorer l'interaction avec l'inconscient.

Alors, prêt à entrer plus en contact avec votre inconscient pour une collaboration avec lui plus harmonieuse ?

Nous allons voir maintenant comment discuter directement avec son inconscient. Puisqu'il stocke toutes les informations liées à notre histoire, il en connait bien plus que nous. Ce serait dommage de ne pas utiliser cette connaissance. D'autre part, c'est lui qui dirige tout ce qui se passe en nous, corps et esprit. Donc ce serait plutôt bien de s'en faire un ami, non ?

La technique que je vais vous décrire maintenant va vous permettre de rentrer en contact avec lui et d'instaurer un code de communication, pour pouvoir lui parler. On appelle cela le signaling en hypnose.

Pour pouvoir discuter avec notre inconscient, il suffit de déterminer avec lui la manière dont il va pouvoir nous répondre pour que la réponse soit claire pour nous.

Nous allons donc convenir d'un code avec lui pour les réponses :
- oui,
- non,
- je ne sais pas ou je ne veux pas le dire.

Ce qui nous permettra de lui poser des questions sur tous les sujets auxquels nous souhaitons avoir des réponses.

Voyons maintenant comment procéder pour convenir de ce code.

**Technique du Signaling** :

1. Utilisez la technique de l'induction qui vous convient le mieux.
2. Petit approfondissement, avec l'escalier ou l'ascenseur, qui vous amène directement à l'endroit ressource lorsque la porte s'ouvre.
3. Vous allez exprimer sincèrement à votre inconscient votre désir d'être plus en lien avec lui pour mieux fonctionner ensemble, pour votre bien-être à tous les deux. Si c'est plus facile pour vous, vous pouvez l'imaginer sous une forme ou une autre dans votre endroit ressource ou ailleurs. Il peut être comme un guide, quelqu'un ou quelque chose qui prend soin de vous.
4. Puis, vous lui dites que vous avez besoin de savoir comment il va vous répondre OUI, lorsque vous lui poserez une question. Alors, vous lui demandez d'envoyer dans votre corps un signal, comme une sensation particulière à un endroit du corps, à trois. Vous comptez à trois. Un, deux, trois. Et vous êtes très attentif à toute sensation particulière que vous pouvez avoir dans votre corps, juste à trois. Si vous ne sentez rien, vous refaites votre demande à plusieurs reprises. Vous lui précisez bien que c'est

important pour vous de pouvoir communiquer avec lui. Si vous avez une sensation (par exemple un picotement dans la main gauche à trois) alors vous lui demandez confirmation en refaisant la même sensation à trois et vous recomptez jusqu'à trois. Si votre inconscient le refait, vous pouvez considérer que le code pour dire OUI est validé. Pensez à le remercier de sa collaboration. Si ce n'est pas la même chose, ou que vous n'avez plus rien, recommencez là aussi votre demande.

5. Vous pouvez ensuite passer au NON. Vous faites la même procédure que pour le OUI. Vous demandez bien la confirmation. Lorsque c'est confirmé, remerciez-le et passez à l'étape d'après.
6. Vous passez ensuite sur la possibilité « Je ne sais pas ou je ne veux pas le dire ». Eh oui, votre inconscient ne sait quand même pas tout. Et parfois aussi il ne souhaite pas le dire, pour vous protéger le plus souvent. C'est pourquoi c'est important qu'il ait cette troisième possibilité pour vous répondre. D'ailleurs, par la suite, lorsqu'il vous répondra cette troisième possibilité, soyez respectueux de cette réponse et remerciez-le aussi dans ce cas.
7. Une fois que vous avez fini les trois réponses possibles, votre séance est terminée. Remerciez-le à nouveau et vous pouvez lui dire combien vous êtes content d'établir ce contact avec lui afin de mieux fonctionner ensemble. Puis revenez tranquillement à votre rythme aux choses du quotidien.

Bravo ! Maintenant, vous avez un accès direct à votre inconscient, qui vous sera bien utile par la suite. Ceci vous évitera certaines incompréhensions.

Vous pourrez maintenant discuter avec votre inconscient autant que vous le souhaitez pour mieux évoluer dans votre vie.

Bon, si jamais vous n'avez pas réussi cet exercice, vous êtes peut être déçu. Mais rassurez-vous cela arrive souvent que l'inconscient ne réponde pas, la première fois, qu'on tente d'établir le contact avec lui.
Pourquoi ?

Mettez-vous à la place de votre inconscient. Peut-être qu'il est tout simplement surpris de cette demande inattendue et qu'il a besoin d'un petit peu de temps pour se faire à cette idée. Alors revenez-y plus tard et peut-être qu'il sera plus enclin à y répondre.

Il arrive aussi parfois que l'inconscient fasse un peu la tête. Imaginez, cela fait peut-être des années qu'il vous envoie des messages que vous n'écoutez pas. Vous savez, cette petite voix parfois qu'on croit entendre en soi, ou ces signes qui nous laissent dire ensuite qu'on le savait que cela arriverait comme cela, mais qu'on ne voulait pas écouter avant.
Peut-être qu'il a de bonnes raisons de ne pas vous écouter à travers toutes ces expériences où vous ne l'avez pas écouté également.

Bon, rassurez-vous, en général, c'est comme pour les enfants que vous avez laissés un moment. Au départ, ils font la tête pour bien vous faire voir que ce n'était pas bien de faire cela mais ensuite ils reviennent vers vous.

Votre inconscient est pareil.

Laissez-lui le temps et réaffirmez-lui votre sincère intention d'être bien avec lui et de mieux l'écouter à partir de maintenant. Il devrait finir par collaborer.

Soyez patient avec lui, comme il l'a été avec vous ;)

Notes personnelles :

## 9) Le cercle de confiance

Cette dernière technique va vous être extrêmement utile pour vous mettre dans le meilleur état de confiance possible. Vous pourrez l'utiliser notamment avant chaque évènement important, où vous avez besoin d'être au top.

Cet exercice, contrairement aux autres, se fait debout. Eh oui, cela change un peu. En même temps, pour se mettre en confiance, c'est la meilleure position.

Rassurez-vous, il est tout à fait possible de faire des séances debout aussi confortablement qu'assis.

**Technique du cercle de confiance** :

1. Donc, debout, les jambes légèrement écartées pour avoir une bonne stabilité et les bras le long du corps.
2. Prenez trois grandes respirations, et à la troisième, lorsque vous soufflez, laissez les yeux se fermer.
3. Prenez le temps de ressentir l'équilibre et les petits mouvements du corps pour le maintenir. Demandez à votre inconscient de bien veiller pendant toute la séance à maintenir cet équilibre.
4. Prenez ensuite le temps de ressentir la sensation de vos pieds au contact du sol, que ce soit au niveau du talon, de la plante des pieds ou des orteils.
5. Puis remontez comme cela sur la sensation des chevilles, puis des mollets, des genoux, des jambes, du bassin, de l'alignement du bassin avec les jambes et les pieds, puis du ventre, du thorax, des épaules,

de l'alignement des épaules avec le bassin avec les pieds, puis des bras, de l'alignement de la tête avec la colonne vertébrale et le reste du corps.

6. Prenez le temps de vous imaginer dans un endroit agréable en pleine nature.
7. Ensuite, imaginez comme si vous pouviez regarder votre corps de l'extérieur et le voir de manière plus ou moins transparente.
8. Imaginez alors que tout ce qui vous limite dans la vie, tous vos blocages soient représentés dans votre corps, comme des petites taches de boue. Pas besoin de savoir précisément quelles limites représentent ces taches de boue, juste voir les taches et savoir que ce sont vos limites.
9. Puis imaginez qu'il y a comme une petite pluie fine qui commence à tomber sur vous. Le soleil peut refléter sur cette petite pluie fine et donner l'impression que c'est comme une pluie de lumière qui tombe doucement sur vous.
10. Cette petite pluie fine tombe sur vos épaules et votre tête et cette eau pure de lumière entre en vous. Elle descend à l'intérieur de vous et vient diluer petit à petit chaque tache de boue, les entraînant avec elle dans une descente à l'intérieur de votre corps à travers les jambes, puis dans les pieds et enfin dans la terre en dessous. Là où ces taches de boue seront recyclées.
11. Lorsque ces taches de boue s'en vont, elles laissent apparaître des lumières en dessous. Ces lumières sont toutes vos ressources et vos capacités dont vous aurez besoin pour votre avenir. Celles que vous connaissez et celles que vous ne connaissez pas encore.

12. Vous allez maintenant imaginer un cercle par terre devant vous, d'environ cinquante centimètres de diamètre et vous allez envoyer toutes ces lumières dans ce cercle qui va devenir, en même temps que vous envoyez ces lumières, de plus en plus lumineux.
13. Une fois que ce cercle est rempli de toutes vos lumières et qu'il est très lumineux, vous allez imaginer que viennent devant vous, un par un, toutes les personnes que vous admirez. Qu'elles soient vivantes ou mortes. Ces personnes vont venir déposer dans ce cercle une part de leurs lumières qu'elles vous offrent. Pas besoin de savoir quelles ressources exactement, juste les voir déposer des lumières dans ce cercle et savoir qu'elles représentent des ressources utiles et importantes pour vous. Ce cercle devient alors encore plus lumineux.
14. Lorsque toutes les personnes sont passées et lorsque vous êtes prêt, vous allez faire un pas en avant et entrer dans ce cercle.
15. La lumière va alors monter en vous, d'abord au niveau des pieds, puis des chevilles, des mollets, etc. Jusqu'en haut de la tête. Au fur et à mesure que la lumière vous remplit, vous allez sentir cette sensation de force et d'énergie qui accompagne la lumière vous remplir de plus en plus. Ce qui va vous permettre, au fur et à mesure, de vous sentir plus fort, plus puissant, plus grand. Faites monter la sensation et l'émotion au maximum.
16. Vous pouvez éventuellement, si vous le voulez, maintenant que vous connaissez la technique, faire un ancrage au summum de la sensation agréable de confiance.

17. Puis vous pouvez tranquillement revenir avec toute cette confiance en vous là où vous êtes.

Lorsque vous êtes dans cette sensation, c'est alors l'idéal pour passer directement à l'action et faire ce que vous avez à faire.

Vous verrez alors que c'est bien plus facile de passer à l'action, qu'auparavant.

Cet exercice-là peut aussi se faire de manière régulière pour se mettre en condition, notamment le matin.

Notes personnelles :

# IV. UTILISATION DES TECHNIQUES

## 1) Les grands domaines de vie

Maintenant que nous avons vu toutes ces techniques, je vais passer un moment avec vous pour vous expliquer comment vous pouvez les utiliser dans les différents domaines de votre vie, au quotidien.

Dans mon cabinet, j'ai reçu depuis plus de dix ans des milliers de personnes. Les différents domaines sur lesquels j'interviens, je les classe en quatre grandes catégories :

- La sérénité et la paix de l'esprit.
- La santé.
- Le bonheur.
- La réussite.

Presque toutes les interventions que l'on peut faire dans le domaine du bien-être et du développement personnel peuvent être classées dans ces quatre catégories.

Nous allons donc maintenant parler de ces grands domaines de vie, en les regroupant en seulement deux :

- Sérénité - santé
- Bonheur - réussite

Car la santé est liée à la paix émotionnelle et de l'esprit. Ainsi que la réussite et le bonheur sont liés. Attention, quand je parle de réussite, je n'entends pas par là spécialement de la réussite professionnelle ou financière. Non, pour moi la réussite est à voir au sens large. C'est plutôt réussir à avoir la vie qui nous correspond. Ce qui veut dire que nous pouvons avoir une vie réussie en ayant une famille ou en étant célibataire, en étant très riche comme en ayant seulement ce qui suffit financièrement. Cela dépend de ce qui convient à chacun.

Nous allons les aborder dans un ordre logique, c'est-à-dire d'abord la sérénité, puis la santé, le bonheur et enfin la réussite. Parce que pour moi la santé dépend de la sérénité, le bonheur de la santé, la réussite du bonheur.

Bien sûr, ceci peut être discutable et peut être n'avez-vous pas la même vision de la vie. Pour autant, ces différents domaines sont continuellement en interaction les uns avec les autres. Etre plus heureux influence aussi obligatoirement la santé et la sérénité. Comme la réussite va aussi agir sur les autres niveaux.

Notes personnelles :

## 2) Sérénité - santé

Abordons tout d'abord la santé et la sérénité. Nous allons voir à partir des différentes techniques, ce que vous pouvez faire pour améliorer votre sérénité et votre santé.

Voici les différentes techniques que vous allez pouvoir utiliser :

### La technique 1 de l'endroit ressource

Vous pouvez revenir ainsi au calme, prendre de la distance sur le quotidien, vous évader et retrouver votre sérénité, chaque fois que vous en aurez envie et besoin.

C'est la technique anti-stress absolue. Et dans les périodes de stress et de surcharge de travail ou d'occupation, c'est la technique à privilégier.

Vous pouvez l'utiliser à différents moments :

- Le soir, en rentrant du travail. Elle vous permet alors de déconnecter du travail et de faire un sas de décompression entre la journée au boulot et votre soirée ensuite pour vous, ou votre famille. Vous serez ainsi beaucoup plus disponible et réceptif le soir pour la vie de famille, ou pour ce que vous avez à faire.
- En milieu de journée. Si vous en avez la possibilité, c'est un bon moment pour utiliser cette technique. Cela vous permet ainsi de scinder la journée en deux demi-journées. Vous serez ainsi beaucoup plus performant l'après-midi.

- Le weekend. Ceci vous permettra chaque weekend de mieux déconnecter de la semaine et du travail. Un peu comme un moment de vacances et d'évasion chaque weekend.

Je raconte souvent cette anecdote. À une époque de ma vie, j'ai fait plusieurs formations en hypnose, sur plusieurs années, tout en pratiquant encore mon métier d'avant qui était extrêmement prenant. Je travaillais pendant cette période-là six jours sur sept, et en plus, la dernière journée de la semaine, je faisais du sport pendant la moitié de la journée.

Le plus surprenant, c'est que je n'étais pas plus fatigué que cela et je n'avais pas envie de vacances. Je n'en ai d'ailleurs pas eu pendant à peu près trois ans car toutes mes vacances étaient consacrées aux formations.

J'ai beaucoup pratiqué cette technique à cette époque, et je la pratique encore. C'est certainement grâce à elle que j'ai bien vécu cette période-là. Et si cette histoire vous inspire, pratiquez-là vous aussi.

Cette technique est un bon moyen aussi de gérer la récupération physique et mentale.

Et si vous aussi, comme beaucoup, vous avez l'impression de ne pas avoir de temps pour vous, avec cette technique, votre sentiment changera sûrement.

## La technique 2 des ancrages

Les ancrages vont vous permettre aussi de compléter tout ce que je viens de dire sur la technique de l'endroit ressource.

Vous pouvez là aussi nettement améliorer votre quotidien en ce qui concerne votre sérénité et votre santé.

## La technique 5 de récapitulation

Si vous avez des émotions liées au passé qui vous pèsent, quelles qu'elles soient, alors c'est la technique à privilégier dès le départ pour vous libérer du poids du passé.

Vous pouvez aussi utiliser cette technique pour vous nettoyer régulièrement des restes émotionnels. Cela peut être une bonne habitude, que vous pouvez faire tous les jours, toutes les semaines, ou une fois par mois.

Rappelez-vous, pour la technique de récapitulation, c'est l'intention sur la période travaillée qui compte.

Ceci permettra de décharger tout votre corps du poids des émotions liées au passé, et ainsi, retrouver plus d'énergie et une meilleure santé.

Aujourd'hui, la plupart des experts en santé reconnaissent que la maladie vient en grande partie, voire totalement, du stress et des émotions mal « digérées ».

Pratiquer cette technique régulièrement est alors un gage de bonne santé.

## La technique 7 de Rossi

Rappelez-vous, je vous ai dit que cette technique était comme un couteau suisse. Elle peut servir dans tous les domaines. Donc évidemment nous allons la retrouver dans la sérénité et la santé.

Quel que soit votre problème de santé, vous pouvez vous aider de la technique de Rossi. Bien sûr, ceci n'exclut pas d'aller voir le médecin en parallèle, de faire les examens nécessaires et de prendre les traitements qu'on vous a donnés.

Et comme la technique de Rossi implique de bien définir l'objectif, prenez le temps de lire et relire le chapitre sur la définition des objectifs. Si vous l'avez bien défini, vous saurez aussi quand revenir dessus ou pas, car vous aurez défini aussi une échéance, ou au moins un indicateur de mesure.

## La technique 8 de Signaling

Bien sûr, maintenant que vous avez appris à discuter avec votre inconscient, cette capacité vous aidera aussi bien dans le domaine de la sérénité que celui de la santé.

Vous pourrez notamment demander conseil à votre inconscient pour votre santé et votre hygiène de vie.

Avec toutes ces techniques combinées, vous avez vraiment de quoi améliorer largement votre sérénité, ainsi que votre santé.

Notes personnelles :

## 3) Bonheur - réussite

Voyons maintenant les techniques à privilégier pour votre bonheur et votre réussite.

**La technique 2 des ancrages**

Les ancrages vont vous permettre de changer facilement vos émotions. Mais aussi d'associer émotionnellement les choses, les évènements ou les personnes, de manière différente.

En ce sens, les ancrages peuvent être très utiles pour votre bonheur et votre réussite.

Vous allez pouvoir ainsi gagner en confiance et en joie.

**La technique 3 pour aller chercher une ressource**

Chaque fois que vous avez besoin d'une ressource ou de replonger dans un état particulier, vous pouvez le faire avec cette technique.

Combinée avec les ancrages, vous avez alors une solution redoutablement efficace pour vous mettre sur commande dans un état positif afin d'aborder chaque évènement de votre vie avec le sourire.

**La technique 5 de récapitulation**

Pour votre bonheur, la technique de récapitulation est importante également. En effet, lorsque vous gardez en vous beaucoup d'émotions désagréables liées au passé, telles que culpabilités, rancunes, regrets ou tristesses, comment voulez-vous être heureux?

Alors, il est indispensable de vous libérer de tout ce poids pour retrouver votre légèreté d'être et votre joie de vivre.

Chaque fois que quelque chose vous pèse émotionnellement, libérez-vous en avec cette technique, et vous verrez que tout de suite, vous vous sentirez mieux.

## La technique 4 de la projection dans le futur

Si vous êtes de nature anxieuse et stressée par rapport au futur, alors c'est la technique à utiliser absolument.

Cette technique vous permettra de vous construire un futur plus serein et agréable et vous permettra d'être en paix.

Chaque fois que vous serez dans l'inquiétude, utilisez cette technique pour calmer et changer en vous cette projection mentale, qui peut vous empêcher de dormir si vous la laissez proliférer.

Coupez tout de suite les mauvaises herbes dans votre esprit, avant qu'elles ne vous envahissent, et remplacez-les par de belles fleurs. Voilà ce que permet cette technique.

## La technique 7 de Rossi

Bien sûr, toujours la technique « couteau suisse » de Rossi. Nous pouvons l'utiliser pour tout, donc bien sûr pour le domaine de la réussite, comme pour le bonheur.

Quels que soient vos problèmes et vos objectifs, vous pouvez vous aider de la technique de Rossi.

Et rappelez-vous : la définition de l'objectif est essentiel dans le processus.

## La technique 8 de signaling

Là aussi, vous pourrez évidemment utiliser la discussion avec votre inconscient pour qu'il vous guide et vous conseille dans chaque étape de votre vie.

Vous pouvez notamment demander conseil à votre inconscient sur la meilleure manière pour vous d'avancer dans la direction que vous souhaitez.

## La technique 9 du cercle de confiance

C'est la technique par excellence pour se mettre dans les meilleures conditions possibles pour résoudre un problème, une difficulté. Donc évidemment pour la réussite, c'est une technique précieuse.

Lorsque vous voulez réussir, quels que soient vos objectifs, vous aurez parfois certains obstacles sur votre route. La manière dont vous allez les aborder sera déterminante pour trouver les solutions. Plus vous êtes dans la confiance, plus les solutions viendront rapidement et se mettront en place facilement.

Vous pouvez même faire cette technique comme une routine chaque matin si vous souhaitez démarrer la journée dans le meilleur état d'esprit et devenir inarrêtable.

Voilà toutes les techniques que vous pouvez utiliser dans le domaine du bonheur et de la réussite.

Bien sûr, plus vous combinez ces techniques et plus vous vous appropriez ces techniques, plus elles vont devenir efficaces.

Notes personnelles :

# DERNIERS CONSEILS

Voilà, vous avez maintenant la connaissance nécessaire pour avancer seul.

Bien sûr, vous allez devoir pratiquer ces différentes techniques plusieurs fois avant de bien les comprendre et de bien les intégrer.

Je compare souvent l'apprentissage de l'autohypnose au permis de conduire. Une fois que vous avez votre permis de conduire, après quelques heures de conduite, vous n'êtes pas encore un expert de la conduite. Mais vous êtes autonome pour avancer seul et pour continuer d'apprendre et vous perfectionner.

Bien sûr, vous pourrez toujours faire un stage de pilotage pour améliorer vos réflexes, en cas de difficultés spéciales. Mais déjà, vous pouvez avancer sur les routes sans difficulté.

Pour l'autohypnose c'est la même chose.

J'ai voulu ce livre le plus simple et pratique possible pour vous donner toutes les connaissances nécessaires à votre autonomie.

Si le savoir est une chose, le savoir-faire en est une autre. L'étape indispensable qui permet de passer du premier au second, c'est la PRATIQUE.

Et ceci, il n'y a maintenant que vous qui pouvez le faire.

Alors, pour vous donner les meilleures chances d'arriver au savoir-faire, je vous encourage à vous fixer tout de suite des objectifs à atteindre dans l'apprentissage de l'autohypnose.

Souvent, la difficulté du débutant est de se fixer un plan à suivre, alors je vais vous aider.

Voici un plan pour arriver en quelques semaines au savoir-faire de manière simple et facile.

Objectif : savoir faire de l'autohypnose.

1. Dans un premier temps, testez les différentes inductions.
2. Puis associez-les aux approfondissements.
3. Puis, pratiquez la technique de l'endroit ressource, pendant au moins une semaine tous les soirs, ou pendant quinze jours, si vous ne la faites qu'un soir sur deux.
4. Ensuite, une fois que vous avez bien l'habitude de faire la technique de l'endroit ressource et que vous vous sentez à l'aise avec, voyez une autre technique par semaine, en même temps que vous continuez à faire régulièrement la technique de l'endroit ressource.

Vous verrez qu'en suivant ce plan, vous créerez vite de bonnes habitudes et vous intégrerez facilement ce savoir-faire.

D'autre part, si vous avez envie d'échanger avec d'autres personnes qui pratiquent l'autohypnose vous pourrez aller sur la page du groupe Facebook « Pratiquants de l'autohypnose » :

https://www.facebook.com/groups/1303231249698954/?ref=bookmarks

Ce groupe est fermé au public et uniquement sur acceptation. Si vous m'en faites la demande sur Facebook, je vous intègrerai avec plaisir.

Et puis, si un jour vous avez envie d'aller plus loin et de vivre l'émulation du groupe en vivant en direct le weekend autohypnose, il vous suffit d'aller sur mon site découvrir les différentes formules :

http://www.hypnoliberation.com/autohypnose/

Ce sera un plaisir de vous rencontrer en réel cette fois et de partager mes techniques avec vous, ainsi que de vous aider à aller plus loin encore avec l'autohypnose.

L'autohypnose pour moi est plus qu'un outil, c'est une façon de vivre. Je dirais même plus ! Un art de vivre.

Vous pouvez presque tout faire avec cet outil. Il suffit de faire marcher son imagination…

Bienvenue dans ce monde de l'autohypnose et venez raconter vos premiers succès sur Facebook (Pratiquants de l'autohypnose)

Notes personnelles :

# V. BIBLIOGRAPHIE

Anthony Robins «Pouvoir illimité», Éditions Robert Lafont.
Anthony Robins «Pouvoir instantané», Éditions Godefroy.
Adam Cabtree «Seriez vous sous influence ?», Éditions Soufle d'or.
Dr Maxwell Maltz «Psycho-cybernétique», Éditions Godefroy.
Olivier Lockert « Hypnose », Éditions I.FH.E.
Dale Carnegie «Comment dominer le stress et les soucis», Éditions Flammarion.
Bruce H. Lipton « Biologie des croyances », Éditions Ariane.

www.ingramcontent.com/pod-product-compliance
Ingram Content Group UK Ltd.
Pitfield, Milton Keynes, MK11 3LW, UK
UKHW020128250726
13967UKWH00002B/532